Wolffs Broschur

ACH DU GESTREIFTE HYÄNE

—

Briefe des Malers

ISAAK LEVITAN

an

ANTON ČECHOV

—

Aus dem Russischen
von Peter Urban

Herausgegeben und
kommentiert von Jutta Hercher
und Brigitte van Kann

FRIEDENAUER PRESSE

ISAAK LEVITAN

—

Briefe an
Anton Pavlovič
Čechov

*Aus dem
Russischen von
Peter Urban*

Liebster Medikus!

Seien Sie so gut, bitten Sie Marja Vladimirovna* um irgendein Buch für mich, aber um ein »juristisches« natürlich. Sie
verstehen, was ich damit meine – etwas Literarisch-Vokali-
sches und Absolutes.

Verstanden?

Haben Sie die Waldschnepfe bekommen?*

1) Sind alle wohlauf?

2) Beißt der Fisch?

3) Was macht die Weltanschauung?

4) Wie viele Zeilen?

Des Weiteren habe ich die Ehre usw. Erwarte Sie bei mir.

Großmaler Pavel Aleksandrovič Medvedjev.

Gegeben zu Maksimovka, den 19. Mai 85.

Ich schreibe auf einem Fetzen Papier in Ermangelung
eines anderen, und nicht aus Respektlosigkeit Ihnen gegenüber. Ehrfürchtig falle ich Ihnen zu Füßen und blase
zum Rückzug.

Moskau, 23. Juni 1885

Lieber Anton Pavlovič!

Moskau ist die Hölle, und die Menschen hier sind – Teufel!!! Ich liege seit fünf Tagen im Bett. Habe einen fiebrigen

Katarrh laut Diagnose von Doktor Korolevič (nicht Bova)*, die mich noch eine Woche im Bett zu halten verspricht oder sogar zwei. Überhaupt wird es mir nicht so bald gelingen, mich zu Ihnen loszureißen, und das betrübt mich schrecklich. Schreiben Sie mir, ob bei Ihnen alle wohlauf sind und wie es Ihnen geht in Ihrem lieblichen Babkino*?

Eine Bitte an Sie: Nehmen Sie, wenn möglich, Vesta zu sich (sie ist ein friedfertiger Hund) und behalten Sie sie bei sich – dann wäre ich bei Weitem ruhiger. Lässt sich das nicht machen, Bester? Ich wäre Ihnen sehr verbunden. Lege zwei Rubel bei, die ich ergebenst bitte meiner Wirtin auszuhändigen.

Herzlichen Gruß an alle Babkinesen. Sagen Sie ihnen, dass ich es kaum erwarten kann, das poetische Babkino wiederzusehen; nur davon träume ich.

Ich drücke Ihnen fest die Hand.

Ihr ergebener I. Levitan

P. S. Ich schreibe Ihnen diesen Brief nicht selbst, denn ich bin außerordentlich schwach. Schreiben Sie mir an die folgende Adresse: Prečistenka, Haus Lichačëv, möblierte Zimmer, Nr. 14.

In Beantwortung Ihrer grenzenlosen Güte sende ich Ihnen meinen tiefempfundenen Dank. Korobov* war bei mir, fand mich jedoch bereits beinahe wieder gesund, ich habe sogar schon gearbeitet. Heute ist von der Krankheit nurmehr eine leichte Schwäche geblieben.

Auf jeden Fall aber wäre für mich, jetzt aufs Land zu fahren, ein Unsinn: das hieße sich vergiften – Moskau wird sich als tausendmal ekelhafter erweisen, als es zur Zeit ist, und ich habe mich schon ein wenig eingewöhnt. Dabei möchte ich schrecklich gern, unsagbar gern aufs Land! Ivan Gavrilov* erzählt sehr konsequent schöne Lügen über das Landleben, sogar wenn er nicht besonders gut gelaunt ist. Aber daran, dass über Babkino die Krokodile kreisen, erkenne ich vieles ... und zwar sehr vieles ... Schließlich gestatten Sie mir, Ihnen zu sagen, dass ich kein Taugenichts, kein Rindvieh usf., sondern eher ein Philanthrop bin, und trotzdem fahre ich nicht aufs Land ... Und ich wohne auch nicht in einem Bordell.

In Moskau bleibe ich noch etwa anderthalb oder zwei Wochen, natürlich nur, wenn ich es aushalte, was ich bezweifle; doch auf jeden Fall werde ich die lieben Bewohner von Babkino bald wiedersehen und, unter anderem, auch Ihre widerwärtige Physiognomie. Schreiben Sie, ob alle bei Ihnen wohlauf sind, wie es Ihnen geht, möglichst ausführlich; hier ist es so langweilig, einsam.

Schreiben Sie!

Ihr I. Levi[tan]

Du, Antonio XIII., hege keine Bedenken wegen dieses Fracks; den kannst Du selber tragen, weil es sich, wie ich mir habe sagen lassen, für talentierte Menschen wie mich nicht ziemt, den Frack eines unbegabten Schriftstellers anzuziehen, er kompromittiert.

Du musst schon entschuldigen, aber ich sage Dir unverblümt die Wahrheit!

Beigefügt meine tiefe Verachtung für unbegabte Menschen, Zeugnis meines Wunsches, Dich nicht zu sehen, sowie die Eintrittskarte zu dem Ball für Marja Pavlovna*.

Ich verbleibe
Kliment II.

Jalta*, 24. März [1886]

Lieber Anton Pavlovič, der Teufel solls holen, wie schön es hier ist! Stellen Sie sich jetzt ein leuchtendes Grün vor, einen blauen Himmel, und was für einen Himmel! Gestern Abend bin ich auf einen Felsen geklettert und habe von der Höhe auf das Meer geblickt, und wissen Sie was – ich habe geweint, ja, lauthals geschluchzt; hier ist sie, die ewige Schönheit, hier ist es, wo der Mensch seine absolute Nichtigkeit spürt! Aber was bedeuten schon Worte – man muss es selber sehen, um es zu begreifen! Ich fühle mich vorzüg-

lich, wie schon seit Langem nicht mehr, und es arbeitet
sich gut (habe schon sieben Studien gemalt, und zwar sehr
hübsche), wenn es sich weiter so arbeitet, bringe ich eine
ganze Ausstellung mit.

Wie geht es Ihnen, sind die Ihren wohlauf, denken Sie
bald aufs Land zu fahren? Der Gipfel des Entzückens wäre
natürlich, wenn Sie hierherkämen, versuchen Sie's doch, es
würde Ihnen sicherlich guttun. Schreiben Sie ausführlich.

Ihr Lev[itan]

Ich schreibe Ihnen an Šechtels* Adresse, habe Ihr Haus
vergessen.

Adresse: Jalta, Bibliothek Ziber.

Alupka*, 29. April 1886

Verzeihen Sie, lieber Anton Pavlovič, dass ich so lange nicht
geschrieben habe. Nicht geschrieben habe ich, weil ich im
Briefeschreiben doch sehr faul bin und außerdem jeden
Tag vorhatte umzuziehen. Jetzt habe ich mich in Alupka
eingemietet. Jalta hatte ich über die Maßen satt, keine Gesellschaft, d.h. keine Bekannten, und auch die Natur hier
verblüfft einen nur zu Anfang, danach wird es schrecklich
langweilig und man bekommt Sehnsucht nach dem Norden.
Nach Alupka übersiedelt bin ich, weil ich wenig zustande
gebracht habe in Jalta, – immerhin ist es ein neuer Ort, und

das heißt, die neuen Eindrücke werden wohl für eine Zeit lang reichen, und danach unbedingt nach Babkino (um Ihre widerwärtige Physiognomie wiederzusehen).

Wie kommen Sie eigentlich darauf, ich wäre mit einer Frau hierhergefahren? Gevögelt wird hier durchaus, aber das war auch schon vor mir so. Ich treibs mit keinem adligen Weibchen, ich hatte eins zur Hand, aber hier ist es, leider, nicht!

Wie geht es Ihnen überhaupt? Viel Geld, und sitzen in Moskau herum! Übersiedeln Sie bald nach Babkino? Sind die Ihren alle wohlauf? Einen sehr herzlichen Gruß an sie alle. Schreiben Sie.

Ihr I. Le[vitan]

Richten Sie Šechtel aus, dass ich in Alupka noch etwa ein bis anderthalb Wochen bleibe und sehr froh wäre, wenn er käme. Und er soll sich keine Sorgen machen – ich liebe den Norden mehr denn je, ich habe ihn erst jetzt begriffen … Überhaupt, danken Sie ihm für seinen liebenswürdigen Brief und bitten Sie ihn um Entschuldigung, dass ich ihm nicht gesondert schreibe; abscheulich, wie faul ich hier geworden bin!

Vergessen Sie nicht, den Inhalt der Briefe von Grigorovič* zu schreiben, das interessiert mich sehr. Überhaupt, Sie sind so ein begabtes Krokodil und schreiben nur solchen Kleinkram! Der Teufel soll Sie holen!

Schreiben müssen Sie: Alupka, Telegrafenstation.

… Ich war maßlos enttäuscht. Ich hatte mich auf die Wolga gefreut, als Quell starker künstlerischer Eindrücke, und stattdessen erschien sie mir dermaßen langweilig und tot, dass mir das Herz schwer wurde und mir der Gedanke kam, ob ich nicht zurückfahren sollte. Und wirklich, stellen Sie sich unaufhörlich folgende Landschaft vor: rechtes Ufer, hochgelegen, bedeckt mit kümmerlichem Gesträuch und Abhängen wie Grind. Das linke … nichts als überschwemmte Wälder. Und über all dem ein grauer Himmel und ein starker Wind. Einfach tödlich … Ich sitze da und denke, wozu bin ich weggefahren? Habe ich etwa in der Nähe von Moskau nicht vernünftig arbeiten können und … mich nicht einsam gefühlt und Aug in Auge mit diesem gewaltigen Wasserraum, der einen einfach umbringen kann … Eben fängt es an zu regnen. Das hat gerade noch gefehlt!…

Paris, 10. März [1890]

Ich schreibe Dir aus Paris*, lieber Anton, wo wir schon seit drei Tagen leben. Wir sind nicht direkt nach Italien gefahren, weil wir in Berlin erfuhren, dass in Venedig, wohin wir eigentlich wollten, eine schreckliche Kälte herrscht, und so sind wir nach Paris gefahren. Eindrücke in rauen Mengen! Massenhaft Wunderbares in der Kunst, aber auch massenhaft extrem Psychopathisches, was zweifelsohne an der extremen Übersättigung, die man hier in allem spürt, liegen muss. Daher kommt es auch, dass die Franzosen sich für Dinge begeistern, die einem gesunden Menschen mit einem gesunden Kopf und klarem Denken wahnsinnig erscheinen. Zum Beispiel gibt es hier einen Maler Puvis de Chavannes*, den man anbetet und vergöttert, dabei ist das dermaßen scheußlich, dass man es sich kaum vorstellen kann. Die alten Meister rühren einen zu Tränen. Das ist die wahre Größe des Geistes! Paris selbst ist äußerst schön, aber weiß der Teufel – man muss sich daran gewöhnen, sonst ist alles irgendwie fremd.

Die Frauen hier sind die reinste Unschlüssigkeit – stille Wasser oder allzu freizügig durch ganze Jahrhunderte der Vögelei … aber irgendwie schwer zu kategorisieren.

Riesenerfolg hat hier Sarah Bernhardt* in *Jeanne d'Arc*. Will ich mir ansehen.

Der Eindrücke sind aber zu viele, daher auch die große Erschöpfung. Verzeih das Gekrakel – ich bin müde. Den nächsten Brief schreibe ich aus Italien, wohin wir in einigen Tagen fahren, dann schreibe ich auch meine Adresse, denn der nächste Aufenthalt wird länger dauern. Übermittle all den Deinen meinen herzlichen Gruß. Ich drücke Dir die Hand.

Dein I. Levit[an].

Ich schreibe Dir aus jenem bezaubernden Winkel der Welt, wo alles, angefangen von der Luft bis hin, verzeih mir der Herrgott, zum allerletzten Käfer auf der Erde durchdrungen ist von ihr, von ihr – der göttlichen Lika*!

Noch ist sie nicht da, aber sie wird hier sein, denn sie liebt nicht Dich Flachsfarbenen, sondern mich, den vulkanischen Brünetten, und kommt nur dorthin, wo ich bin. Es muss Dich schmerzen, all das zu lesen, aber aus Liebe zur Wahrheit habe ich es nicht verschweigen können.

Wir haben uns im Gouvernement Tver eingemietet, in der Nähe des Landsitzes von Likas Onkel Panafidin, und, offen gestanden, habe ich den Ort nicht ganz glücklich gewählt. Als ich das erste Mal hier war, war mir alles sehr hübsch vorgekommen, und jetzt das genaue Gegenteil, ich gehe herum und staune, wie mir das alles gefallen konnte. Ich bin der reinste Psychopath! Für Dich, wenn Du nur kämst, wäre es amüsant – wunderbares Angeln und unsere recht nette Gesellschaft, bestehend aus Sofja Petrovna*, mir, Družok und der jungfräulichen Vesta*. Schreib, was die Arbeit von Marja Pavlovna macht. Schreib, warum es euch nach Bogimovo* verschlagen hat und wen von euch? Schreib, ob es in Bogimovo eine freie Unterkunft gibt, und wie sie beschaffen ist. Schreib … was Du willst, schreib, bloß keine Beschimpfungen, weil ich das definitiv nicht leiden kann. Schreib mir, dass es ein Fehlschuss war, kein Sommerhaus in Bogimovo zu mieten! …

Habt Ihr Kiselëv* kennengelernt?

Auf Wiedersehen, allerherzlichste Grüße an die Deinen.

Dein I. Levit[an].

Wer immer von euch auf die Idee verfällt, uns zu besuchen – er würde mir eine höllische Freude machen. Sei nicht faul, komm auch Du, die Hälfte der Fahrtkosten übernehme ich. Da, erstick dran! Bleib gesund und vergiss nicht, dass es Levitan gibt, der euch sehr liebt, euch Schufte!

War auf Treibjagd (am 28. Mai!!!) und habe 10 Schnepfen gesichtet. Das Wetter bei uns ist hundsmiserabel. Bei euch?

Ich küsse Dich auf die Nasenspitze und rieche den Geruch von Wildbret. Pfui, wie dämlich, ganz nach Deinem Geschmack!

Gib mir die Hand, spürst Du, wie fest ich sie drücke?

Aber genug jetzt, pfeif drauf.

[Zatišje, Juni 1891]

Lieber Antoša!

Sehr beunruhigt hat mich die Nachricht von Marja Pavlovnas Erkrankung*. In welchem Zustand ist sie jetzt? Was ist es für eine Krankheit und wie verläuft sie? Bitte, schreib. Ich habe Lika von Marja Pavlovnas Krankheit erzählt, sie war ebenfalls sehr beunruhigt, obwohl sie sagt, dass, wenn Marja Pavlovnas Krankheit etwas Ernstes wäre, Du nicht

in solch launigem Ton geschrieben hättest. Und sie sagt,
wenn es etwas Gefährliches wäre, hättet Ihr ein Telegramm
geschickt. Gib um Gottes willen Nachricht, mir macht das
große Sorgen. Wie konntet ihr den Mungo* laufen lassen?
Das ist doch weiß der Teufel was! Einfach unanständig, ein
Tier aus Ceylon mitzubringen, damit es im Gouvernement
Kaluga zugrunde geht!!! Du bist die Gleichgültigkeit in Person – kaltblütig über Marja Pavlovnas Erkrankung und den
Verlust des Mungos zu schreiben, als gehöre sich das so!

Mit dem Witterungsumschlag ist es hier interessanter ge-
worden, es haben sich ziemlich interessante Motive aufgetan.
An den voraufgegangenen düsteren Tagen, als man gern zu
Hause saß, habe ich noch einmal aufmerksam Deine *Bunten
Erzählungen* und *In der Dämmerung** gelesen, und Du hast
mich als Landschaftsmaler in Erstaunen gesetzt. Ich spreche
nicht von der Masse hochinteressanter Gedanken, aber die
Landschaften darin – sind der Gipfel der Vollkommenheit,
zum Beispiel in der Erzählung *Das Glück* die Bilder der
Steppe, der Grabhügel, der Schafe sind verblüffend. Gestern
habe ich diese Erzählung Sofja Petrovna und Lika vorgele-
sen, und beide waren entzückt. Du merkst, wie großmütig
ich bin, ich lese Lika Deine Erzählungen vor und verfalle in
Begeisterung! Da siehst Du, wo die wahre Tugend wohnt!

Was Bogimovo betrifft, so denke ich, dort Zeit zu verbringen, wenn es auf den Herbst zugeht. Aber das ist noch
lange hin. Ich werde zu euch kommen und es mir noch mal
ansehen.

Bleib gesund, meinen herzl. Gruß an die Deinen. Schreib unverzüglich über Marja Pavlovnas Gesundheit.

Dein Levitan

[Zatišje, Juli 1891]

Durch einen merkwürdigen Zufall habe ich den von Dir am 12. Juli abgeschickten Brief erst am 20. Juli bekommen. Das Puškin-Gedicht* beginnt so:

Wenn für den Sterblichen der laute Tag verstummt
Und auf den stummen Platz der Stadt
Der Nacht durchsichtiger Schatten niedersinkt
Und Schlaf, der Tageskümmernisse Lohn,
Dann ziehen sich für mich im Stillen
Die Stunden bangen Wachens hin:
Und stärker brennen in der nächtgen Tatenlosigkeit
In mir der Herzensschlange Bisse;
Die Träume brodeln;

Im Geist, erdrückt von Sehnsucht schier,
ballt sich Gedankenschwere;
Wortlos entrollt Erinnerung vor mir
Die lange Schleppe;
Und voller Abscheu lese ich mein Leben,
Ich zittre und verfluche und beklag mich bitter,

Und weine bittre Tränen, doch wasche ich mit ihnen
Die kummervollen Zeilen nicht hinweg.

Zu Euch denke ich Ende Juli aufzubrechen. Wahrscheinlich mache ich mich auf. Und wie geht die Arbeit, bei Dir
und Marja Pavlovna? Ich möchte euch alle unheimlich gern
sehen. Bei uns ist derzeit ein ganzer Volksauflauf: Dmitrij
Pavlovič, Petr Nikitič, Nečaeva, Krasnova und, obendrein,
den ganzen Tag Gäste.

Auf baldiges Wiedersehen.
Gruß an alle die euren.
Dein Levi[tan].
Sofja Petrovna lässt grüßen.

[Zatišje, 1891]

Verzeih mir, mein genialer Čechov, mein Schweigen. Einen
Brief zu schreiben, selbst an einen sehr lieben Menschen, ist
für mich eine wahre Heldentat, zu Heldentaten bin ich aber
kaum fähig, es sei denn zu welchen auf dem Felde der Liebe,
auf dem auch Du kein Waisenknabe bist. Sag ich die Wahrheit, mein Freund? Mein Gekrakel ist furchtbar, verzeih.

Wie geht es Dir, mein Guter? Ich möchte Dich ums Verrecken gern sehen, aber wann ich mich losreißen kann, weiß
ich nicht – ich hab köstliche Arbeiten ausgeheckt. Kommen
werde ich ganz bestimmt, aber wann, weiß ich nicht. Lika

20 sagte mir, Deine Schwester sei verreist; für lange? Wie hat sie gearbeitet, gibt es interessante Studien? Sei um Gottes willen nicht böse über mein abscheuliches Gekritzel und schreibe mir; Deine Briefe erfreuen mich über die Maßen. Wir wollen nicht aufrechnen – Dir macht einen Brief zu schreiben nichts aus. Vielleicht kommst Du für ein paar Tage zu uns? Es wäre eine Riesenfreude, Deine Krokodils-physiognomie in Zatišje zu sehen. Angeln kann man bei uns vorzüglich: Barsche, Hechte und jegliches Wassergetier!

Gruß und Verehrung und alles erdenklich Gute den Deinen.

Dein Levit[an] VII. der Nibelungen.

Verzeih die Albernheit, ich merk sie selbst und erröte!

[Melichovo*, 3. Januar 1895*]

Bedaure, dass ich Dich heute nicht zu Gesicht bekomme. Schaust Du bei mir vorbei? Ich bin unsagbar froh, wieder hier zu sein, bei den Čechovs. Wieder zurück bei dem, was mir teuer war und was in Wirklichkeit nie aufgehört hat es zu sein … Drücke Dir freundschaftlich die Hand.

Dein Lev[itan]

Mein lieber Anton Pavlovič!

Sei so gut, tu Dein Möglichstes im Hinblick eines Beistands bei der Zensur für einen guten Bekannten von mir, Doktor Lev Zacharovič Berčanskij*, der einige Theaterstücke geschrieben hat, die nichts Zensurwidriges enthalten im Sinne der Untergrabung gesellschaftlicher oder staatlicher Prinzipien (eines der Stücke habe ich gelesen), trotzdem wurden die Stücke nicht genehmigt. Also hilf ihm in dieser Angelegenheit, natürlich nur, wenn Du kannst, wofür ich Dir außerordentlich verbunden wäre. Warum hast Du mich nicht besucht? Bleib gesund. Ich drücke Deine talentierte Pranke. Meinen Gruß an die Deinen.

Für alle Fälle (vielleicht lässt Du Dir ja einfallen zu kommen) hier meine Adresse: Eisenbahn Rybinsk-Bologoe, Station Troica, Gut Gorka.

Ich bitte Dich nochmals um Unterstützung.

Dein I. Levit[an]

[Gorka], 23. Juni [18]95*

Lieber Anton Pavlovič!

Um Gottes willen, wenn es irgend möglich ist, komm wenigstens für ein paar Tage zu mir. Mir ist entsetzlich schwer, wie noch nie. Ich würde selber zu Dir kommen, habe aber

absolut keine Kraft. Schlag es mir nicht ab. Zu Deiner Verfügung steht ein großes Zimmer im Haus, das ich allein
bewohne, im Wald, am Ufer eines Sees. Sämtliche Bequem-
lichkeiten stehen zu Deiner Verfügung: wunderbares Angeln,
ein Boot. Wenn Du in Gelddingen irgendwie knapp bist,
mach Dir keine Sorgen – ich borge Dir was. Du fährst mit
dem Zug 8 Uhr abends, mit der Nikolaj-Eisenbahn*, bis Bologoe, dort umsteigen auf die Strecke Rybinsk–Bologoe bis
Troica. Wenn Du rechtzeitig schreibst, wann Du abfährst,
erwartet Dich ein gefederter Wagen. Wenn nicht, findest
Du an der Station immer Pferde bis zum Gut Gorka.

Komm, mein Lieber, Du machst mir eine große Freude
und Dir, wie ich denke, ein Vergnügen.

Herzlichen Gruß an Deine Schwester und alle die Deinen.

Dein I. Levitan

[Gorka], 27. Juli [18]95

Wieder blase ich Trübsal, ich blase Trübsal ohne Maß und
Grenzen, Trübsal bis zur Betäubung, bis zum Entsetzen.
Wenn Du wüsstest, wie grässlich mir zumute ist. Schwermut und Niedergeschlagenheit gehen mir durch Mark und
Bein. Was tun? Mit jedem Tag hab ich weniger Willenskraft,
mich der finsteren Stimmung zu widersetzen. Müsste ir-
gendwohin fahren, aber ich kann nicht, denn schon die Entscheidung für irgendeine Richtung ist mir unmöglich, ich

schwanke ohne Unterlass. Man müsste mich an der Hand führen, aber wer will das auf sich nehmen? Trotz meines Zustands beobachte ich mich ständig selbst und sehe klar, dass ich am Ende zusammenbrechen werde. Ich habe mich selber satt, und wie ich mich satthabe!

Ich weiß nicht warum, aber die wenigen Tage, die Du bei mir verbracht hast, sind für mich die ruhigsten Tage in diesem Sommer gewesen.

Wie geht es Dir, was machst Du? Hier sind sie so gut wie verliebt in Dich und erwarten Deinen Besuch, wie Du es versprochen hast.

Vielleicht raffe ich mich irgendwie zu Dir auf, aber komm lieber Du. Einen Gruß an Deine Schwester und an die Alten.

Dein Levit[an]

V. P. danke ich für den Maeterlinck*. Sehr interessante Sache.

[Gorka], 9. August [1895]

Deinen Brief habe ich aus irgendeinem Grunde erst am 8. erhalten, und so hat sich Dein ganzer Plan meiner Reise zu Dir, dann gemeinsam zurück nach Gorka und der Wunsch, am 15. nach Hause zu fahren, in Luft aufgelöst.* Außerdem habe ich, wider alle Erwartung, zu arbeiten angefangen und arbeite an einem Sujet, das keinen Aufschub duldet. Ich male blühende Lilien, die bereits dem Verblühen entgegensehen.

Sehr gerne wollte ich Deine Schwester und die Deinen sehen, Marja Pavlovna persönlich zum Namenstag gratulieren, aber ich kann nicht. Komm nach dem 15. zu mir. Alle in Gorka erwarten Dich voll Ungeduld, von mir gar nicht zu reden. So ein Krokodil, hast in 3 Tagen alle bezaubert. Varja* bat Dir zu schreiben, dass alle sich vor Sehnsucht nach Dir verzehren. Beneide Dich höllisch.

Komm und bleib etwas länger. Bring Dir Deine Arbeit mit.

Gruß an alle die Deinen. Drücke Dir freundschaftlich die Hand.

Dein ergebener I. Levit[an]

Moskau, 14. Oktober [?] [18]95

Gestern, mein lieber Anton Pavlovič, habe ich bei Soldatënkov* vorbeigeschaut. Es stellte sich heraus, dass er noch im Ausland ist und auch noch einen Monat dort bleibt. Habe hin und her überlegt, von wem man sonst Geld für die Ausgabe bekommen könnte, wenn Soldatënkov ablehnt, und außer S. Morozov* ist mir niemand eingefallen. Letzterer kommt ebenfalls nicht so bald aus dem Ausland zurück, ihm in solch einer Sache einen Brief zu schreiben, wäre nicht besonders aussichtsreich. Man wird warten müssen.

Ich wollte dieser Tage zu Marja Pavlovna, aber irgendwie ist nichts daraus geworden, und jetzt ist sie wahrscheinlich auf dem Land. Grüße sie von mir, wie auch all die anderen.

Dein aufrichtig ergebener
Levitan

Finnland, Serdobol*, 3./15. Juli [18]96

Du siehst, mein lieber Anton Pavlovič, wohin der Teufel mich getrieben hat! Es sind jetzt schon 3 Wochen, dass ich mich in diesem Fremdland* herumtreibe, von Ort zu Ort auf der Suche nach starken Motiven, und das Resultat – nichts, außer Schwermut hoch drei. Weiß der Kuckuck, woher das kommt – entweder ist meine Empfänglichkeit als Künstler versiegt, oder die Natur hier ist nicht das Wahre. Lieber glaube ich an Letzteres, denn glaubte ich an Ersteres, so bliebe mir nichts, oder mir bliebe nur das eine – abzutreten, ab zum alten Eisen. Also, die Natur ist schuld, und in der Tat ist das hier keine Natur, sondern eine Art Impotenz! Ich bin unsagbar bedrückt, so bedrückt, dass es dem Teufel graust! Es ist ein solches Unglück – überall hin nimmt man sich selber mit! Wenn man nur einen einzigen Tag in Einsamkeit verbringen könnte!

Obwohl, weißt Du, alles ist sterbenslangweilig! Alles bis zur Abscheulichkeit immer ein und dasselbe! Wenn die Bäume wenigstens mit den Wurzeln nach oben wachsen würden oder man meinen Afanasij* zum Präsidenten irgendeiner Republik, irgendeines Staates wählen würde. Vor Schwermut kommen einem die idiotischsten Dinge in den Sinn, vielleicht auch nicht ganz idiotische, im Leben geschieht auf Schritt und Tritt weit weniger Reizendes und gilt dennoch nicht für dumm.

Vor ein paar Tagen bin ich durch die Berge gestreift; die Felsen sind völlig glatt geschliffen, keine einzige eckige Form. Bekanntlich sind sie durch die Eiszeit so geschliffen worden – also in vielen Jahrhunderten, Jahrtausenden, und unwillkürlich musste ich darüber nachdenken. Jahrhunderte, die Bedeutung dieses Wortes ist doch einfach tragisch; Jahrhunderte – das ist etwas, in dem Milliarden von Menschen versunken sind, und sie werden weiter und weiter versinken, ohne Ende; was für ein Grauen, was für ein Jammer! Dieser Gedanke ist alt und diese Furcht ist alt, aber trotzdem platzt mir davon der Schädel! Die Vergeblichkeit, Nutzlosigkeit von allem ist offenkundig!

Kummer, Schwermut, Schwermut ohne Ende.

Ich fahre bald nach Moskau, nach Hause, aber wird es dort etwa besser sein?!!

Widerlich, wirst Du sagen, sich ewig mit sich selber herumzuschlagen. Ja, vielleicht ist es widerlich, aber niemand kann aus seiner Haut heraus, niemand kann den Gang der Ereignisse beeinflussen; wir sind in einem Teufelskreis, wir sind Don Quijotes, nur eine Million Mal unglücklicher, weil wir wissen, dass wir gegen Windmühlen kämpfen, er wusste es nicht ...

Nun sei nicht böse, vielleicht ist das alles töricht, aber
sage mir ehrlich, was ist nicht töricht?!!

Wie geht es Dir, wie läuft die Arbeit, wem machst Du den
Hof? Ist sie hübsch? Pfui, ist das alles langweilig!

Leb wohl, bleib gesund und munter, wenn Du kannst –
ich kann es nicht. Offenbar lastet der Fluch Ahasvers* auch
auf mir – aber das muss so sein –, ich bin ja auch Semit.

Gruß an die Deinen. Leb wohl.

Dein – was für ein sinnloses Wort, nein, einfach
Levitan

P. S. Morgen fahre ich nach Valaam zu den Mönchen*!

[Moskau], 26. Dezember [1896]

Ich fühle mich ein wenig besser, mein lieber Anton Pavlovič,
obwohl mir bei dem Gedanken an eine Fahrt mit der Eisenbahn mulmig wird, und vor allem weiß ich nicht, wie es um
Marja Pavlovnas Gesundheit steht und ob ich mit meinem
Besuch nicht lästig falle. Teil mir das mit.

Meinen Gruß an all die Deinen
Dein Dich liebender
Levit[an]

Auch wenn ich ein [...]*** bin, schreibe ich Dir [...]*** dennoch, und zwar Folgendes. Neulich wäre ich wieder um ein Haar abgekratzt, und jetzt, da es mir ein wenig besser geht, denke ich, bei mir ein Konsilium zu veranstalten, mit Ostroumov* an der Spitze, und zwar dieser Tage, nicht später. Könntest Du nicht zu Levitan kommen, nur in der Eigenschaft als anständiger Mensch überhaupt, und mir bei der Gelegenheit raten, wie ich das organisieren soll?

Hast Du gehört, Du Scheusal?

Dein Schmul*

Moskau, 2. März [1897]

Eben war Pavel Michajlovič Tretjakov* bei mir, mein lieber Anton Pavlovič, und bat mich, Dir zu schreiben und in Erfahrung zu bringen, wann Du in Piter* wärst und wie lange. Er hat eine Verabredung mit dem Maler Braz*, einem sehr begabten Porträtisten, der übrigens den ersten Preis für Porträts* erhalten hat. Er lebt in Piter und möchte Dich leidenschaftlich gern malen. Er hat Tretjakov versprochen, Dich nicht allzu lange zu quälen. Antworte mir bald.

Ich fahre bald. Bleib gesund und glücklich.

Drücke Dir freundschaftlich die Hand.

Dein Levit[an]

P.S. Einen Gruß an die Deinen.

Lieber Antonius!

Tretjakov hat die Adresse von Braz mitgeteilt: Petersburg,
Vasiljev-Insel, 7. Linie, Haus 86/8, Wohnung Nr. 13.

Umarme Dich. Bleib gesund.
Dein Lev[itan]

Nervi, Genua, 12. April [1897]

Lieber Antonio!

Der Teufel soll die Doktoren alle holen, Dich natürlich aus-
genommen! Sie haben mich in ein Loch geschickt, und der
Teufel weiß wozu. Hätten sie mir lieber gesagt, wie man die
Schwermut loswird, stattdessen verbannen sie einen in den
Süden und sagen, die Luft, die Lebensweise würden alles
wiederherstellen. Sie haben keine Ahnung!
Sei mir nicht böse, dass ich so wenig schreibe – keine
Lust. Irgendwann werde ich einen ungeheuer langen Brief
schreiben. Bleib gesund. Du sitzt Braz doch Modell?
Drücke Deine Pranke, meinen Gruß an die Deinen. Ar-
beitet m-lle Marie? Sag, sie soll viel arbeiten, sonst komme
ich und stell sie in die Ecke. Grüß Lika. Sollte Dich die Lust
ankommen mir zu schreiben, hier die Adresse:
Italie, Nervi, poste restante.

*** *im Original unleserlich*

Mein lieber Anton Pavlovič! Du hast mich höllisch erschreckt
mit Deinem Brief. Was ist mit Dir, sollte es tatsächlich eine
Lungenerkrankung sein?! Ob sich die Äskulape nicht irren,
sie lügen doch alle, Du nicht einmal ausgenommen. Wie
fühlst Du Dich, oder ist das für Dich selbst schwer zu sagen? Tue alles, was möglich ist, fahr zu Kumys-Kuren*, der
Sommer ist herrlich in Russland, und im Winter fahren wir
in den Süden, meinetwegen sogar nach Nervi, gemeinsam
werden wir uns schon nicht langweilen. Brauchst Du nicht
Geld? Ich bin überzeugt, wenn Du den Sommer und Winter
richtig verbringst, geht alles vorbei, und die Ärzte müssen
nicht triumphieren.

Ich fühle mich nicht gut. Schmerzen in der Brust, und
die Gemütsverfassung? Nun, über die braucht man nicht zu
reden – sie ist furchtbar. Ich bin zurzeit am dritten Ort seit
Nervi. Sitze am Fenster und schaue auf den Mont Blanc.
Majestätisch, dass einem das Zittern kommt. Von seinem
Gipfel – nur noch eine kleine Anstrengung, und du reichst
Gott die Hand (wenn er dich für würdig befindet!). Ich wollte in die gesetzliche Ehe mit der »Muse« eintreten, aber sie,
die Schurkin, will nicht! Ich hätte sehr gerne wenigstens auf
einem Fetzchen Leinwand den Mont Blanc hervorbringen
wollen, aber ohne Muse wird es nichts. Im Ernst, ich habe
mehrmals versucht zu malen – es geht ums Verrecken nicht!
In ein paar Tagen fahre ich nach Nauheim, wo speziell das

Herz behandelt werden soll. Auf jeden Fall komme ich bald zurück, mir fehlt die Geduld, hier allein herumzusitzen; ich habe einen Reisebegleiter, aber der ist Requisite – langweilig und jung. Schreib Briefe, mir wird alles nachgeschickt – ich hinterlasse meine Adresse, wohin ich weiterreise.

Einen Gruß an Marja Pavlovna. Sie soll viel arbeiten, aber vor allem soll sie tief arbeiten, sie wird das verstehen. Ebenfalls einen Gruß an die liebe Likuša.

Ach, wozu bist Du krank, wozu ist das nötig? Tausende müßiger, widerwärtiger Menschen erfreuen sich der großartigsten Gesundheit! Törichtes Gerede. Also, behüte Dich Gott, mein lieber, teurer Anton. Ich umarme Dich. Dein aufrichtig ergebener

Schmul

Nauheim, 12. Mai [1897]

Schreibe Dir nur ein paar Zeilen, mein lieber Anton Pavlovič. Gestern bin ich hier angekommen. Das ist ein Ort speziell für Herzbehandlungen. War beim Arzt, der mir Bäder verschrieben hat. Habe heute eins genommen – ist angenehm. Was dabei herauskommt – die Zeit wird's zeigen. Bin schwermütig bis zur Betäubung. Hast Du meine Briefe aus Courmajeur bekommen? Schreiben musst Du hierher: Deutschland, Frankfurt a. M., Nauheim. Ich schreibe nicht weiter – bin sterbensmüde. Was macht Deine Gesundheit?

Herzlichen Gruß an die Deinen. Dein Dich aufrichtig liebender

Levit[an]

Bad Nauheim, 29. Mai [1897]

Die Deutschen sind doch wirklich ein schlaues Volk und haben wohl den Affen erfunden! Weißt Du, ihre Bäder wirken; weiß der Teufel, was sie da drinhaben, denn Wasser ist Wasser, aber dem Herzen wird leichter, ruhiger. Ärgerlich, d. h. ärgerlich ist nicht, dass einem besser wird, sondern dass es in Russland wahrscheinlich genau solches Wasser gibt, wir aber nichts damit unternommen haben und stattdessen zu den Deutschen fahren und tatsächlich anfangen müssen, sie für ein begabtes Volk zu halten, während wir uns nur ein Armutszeugnis ausstellen können. Vielleicht ist es ja auch anders, aber ich bin, so scheint es, auf dem Wege der Besserung. Ich treibe Gymnastik, und der Logik nach müsste die Muskelanspannung das Herz zu verstärkter Tätigkeit und Erweiterung anregen, aber das Gegenteil ist der Fall. Das verstehe ich irgendwie nicht. Gelegentlich kopuliere ich (mit der Muse natürlich), und es ist gut – sie ist anscheinend schwanger. Ob sie was zur Welt bringt?

Habe vor ein paar Tagen russische Jungfern kennengelernt, die unter anderem erzählten, sie hätten den Sommer irgendwo bei Puškino verbracht; plötzlich geht das Gerücht,

A. Čechov sei da, man zeigt sogar auf ihn. Die Jungfern
laufen ihm nach, um seine Bekanntschaft zu machen, was
ihnen aus irgendeinem Grund lange nicht gelingt, bis sie hören, es sei gar nicht Čechov und nicht mal ein Schriftsteller,
sondern irgendein Beamter. Die Jungfern fragen mich aus,
wie Du wärst, also habe ich, in der allen Freunden eigenen
Gewohnheit, ein derart nettes Porträt von Dir entworfen,
dass ihnen wahrscheinlich jeder Wunsch, Dich persönlich
kennenzulernen, vergangen ist. Das hat gesessen, oder? Warum hast Du das Buch nicht geschickt, wie Du wolltest?
Bedauerlich, Du Geizkragen!

Denke in zehn, 14 Tagen ins trotz allem liebe Russland
zu fahren. Ein unzivilisiertes Land, aber ich liebe es, das
niederträchtige! Habe viele in Russland verbotene Bücher
ergattert und gelesen. Interessant, besonders die Aufzeichnungen von Katharina II*. Lese viel. Habe Bourgets *Recommencements** und Paul Margueritte* gelesen, beide ziemlich
schwach. Müdigkeit ist bei Bourget zu spüren. Ja, man kann
nicht endlos schöpfen, man muss warten, bis sich Inhalt
angesammelt hat.

Was macht Deine Gesundheit? Hast Du inzwischen zuge-
nommen? Kein Blut mehr?* Kopulier nicht so oft. Wie gut
es tut, sich an die Abwesenheit von Frauen zu gewöhnen. Sie
nur im Traum zu sehen, ist viel befriedigender (ich spreche
hier nicht von feuchten Träumen).

Auf Wiedersehen, schreib, Du Scheusal. Meinen herzlichen
Gruß an Marja Pavlovna, an all die Deinen, und falls Lika

bei Dir ist, küsse sie auf ihre zuckersüßen Lippen, aber auf keinen Fall weiter. Ich umarme Dich trotzdem, obwohl ich Dein Freund bin.

Moskau, 9. Juni [1897]

Seit vorgestern bin ich in Moskau zurück. Möchte Dich sehen, weiß aber nicht, ob Du zu Hause bist. Schreib bald, wie Du Dich fühlst und ob ich zu Dir kommen kann. Den Sommer verbringe ich bei Morozov in der Moskauer Umgebung*. Habe mich beachtlich erholt, wie es scheint.

Grüß die Deinen.

Dein Levit[an]

[Moskau], 13. Juni [1897]

Weiser Antonius!

Heute um 3 fahre ich zu Morozov, kann nicht länger in der Stadt herumsitzen! Wenn Du nach Moskau kommst, dann direkt zu mir, denn Afanasij bleibt hier, und alles, was Du brauchst, steht Dir zu Diensten. Wenn Du noch netter sein willst, komm zu mir aufs Land, wozu Du Afanasij nur zu sagen brauchst, er möge telefonisch auf dem Landgut Bescheid sagen – und Pferde werden zur Station Judino, Smolensker Eisenbahn, geschickt (rund 1 1/2 Std. Fahrt von Moskau bis zum Gut; es heißt Uspenskoe).

Ich habe hier gesündigt – und fühle mich wieder nicht besonders gut. Offenbar muss ich der Liebe ganz entsagen und nur zuschauen, wie meine Freunde kopulieren!

Zum Weinen bitter!

Gruß an die Deinen.

Dein Dich sehr nicht liebender

Levit[an]

Hol's der Teufel, ich will Deine garstige Physiognomie wiedersehen.

[Uspenskoe*, Juli 1897]

Mein lieber Anton Pavlovič!

Ich möchte furchtbar gerne zu Dir kommen, Dich sehen, die Deinen, aber beim Gedanken an die Fahrt bei dieser Hitze, noch dazu im Zugabteil, sinken mir die Arme. Hitze habe ich nie gut vertragen, aber seit ich die Herzkrankheit habe, bringt mich Hitze einfach um. Wie ist Deine Gesundheit, wie fühlst Du Dich? Arbeitest Du? Heute ist bei Dir wohl die Einweihung der Schule?* Ein denkwürdiger Tag! Welch gutes Werk hast Du vollbracht! Hat Braz schon angefangen, Dich zu malen? Morozov ist früher aufs Land zurückgekommen in der Hoffnung, Dich noch hier anzutreffen, und hat sehr bedauert, dass Deine Spur schon verweht war. Er hält Dich, übrigens wie viele andere auch, für den Ersten heutzutage, womit ich mich nicht einverstanden erklären kann und will. Meiner Meinung nach ist der Erste – Ežov*, dann kommt Michejev* und danach vielleicht Du. Das hat gesessen, oder?

Grüß die Deinen. Sag Marja Pavlovna, dass ich sie wahnsinnig gern sehen möchte, aber Angst habe, bei dieser Gluthitze zu fahren. Bleib gesund und vergiss nicht den Dir sehr ergebenen Levit[an].

Habe angefangen, ein wenig zu arbeiten. Die größte Zeit des Tages lese ich, um in der Übung zu bleiben, französische Romane. Wie abgeschmackt die meisten französischen Schriftsteller doch sind! Interessant sind nur einige Gedichte von Victor Hugo. Schrecklich schön, obwohl auch nicht frei von Schwulst.

Also, auf Wiedersehen. Drücke Dir fest die begabte Pranke.

Gruß an Lika, wenn Du sie siehst.

[Uspenskoe], 12. August [1897]

Lieber Anton Pavlovič!

Dauernd will ich zu Dir kommen, doch die Gesundheit ist nicht gut und die Hitze erdrückt mich. Ich habe noch nie so unter der Hitze gelitten wie jetzt, seit ich herzkrank bin. Wenn ich in Moskau bin, gehe ich bei der Schule für Malerei* vorbei wegen Marja Pavlovna; und ich denke, sie ist dermaßen gut, dass man sie ohne Zweifel aufnehmen wird.

Wie fühlst Du Dich? Fährst Du bald in den Süden oder ist es noch zu früh?

Wenn möglich, kaufe mir die Gesamtausgaben von Dostojevskij, Turgenjev, Gogol, und in Übersetzung – Shakespeare, Goethe. Die Rechnung kannst Du mir schicken oder, wie Du willst, ich bezahle gleich.

Ist das Braz-Porträt noch bei Dir? Gefällt es Dir?

Verzeih, mir fehlt zum Schreiben die Kraft.

Gruß an die Deinen.

Dein Levit[an]

Morozov lässt grüßen.

[Moskau], 21. September [18]97

Mein lieber Čechov!

Eben hat man mir Dein Telegramm gebracht, ich bin wieder beruhigt. Morgen oder übermorgen werden 2000 Rubel an Dich geschickt. Woher das Geld stammt: ich habe zu Sergej Timofejevič Morozov gesagt, Du bräuchtest jetzt Geld, und wenn er könne, solle er Dir 2000 Rubel borgen. Er war gern damit einverstanden; von einem Wechsel hat er natürlich kein Wort gesagt, aber ich denke, dass es Dir selbst am liebsten wäre, ihm irgendeine Art Dokument zu schicken; er wohnt: Kudrinskaja Sadovaja, Haus Krejc, S. T. Morozov.

Lieber, Guter, ich bitte Dich inständig, Dir in Geldangelegenheiten keine Sorgen zu machen – es lässt sich alles regeln, und Du sollst im Süden sitzen und Deine Gesundheit aufpäppeln. Mein Lieber, wenn Du keine Lust hast, arbeite nicht, überanstrenge Dich nicht.

Alle sagen wie aus einem Munde, das Klima von Algier wirke Wunder bei Lungenerkrankungen. Fahr hin und sorge Dich um nichts. Bleib bis zum Sommer, und wenn es Dir gefällt – auch länger. Sehr wahrscheinlich werde ich Dich auch besuchen kommen; vielleicht werden wir uns zu zweit nicht langweilen.

Bei uns ist es zur Zeit scheußlich – Regen, Schnee, Kälte. Meinetwegen selten, aber schreib, wo Du bist und wie Du Dich fühlst.

Auf Wiedersehen. Behüte Dich Gott.

Ich flehe Dich an, mach Dir keine Sorgen, alles wird sehr gut werden.

Drücke Dir die Hand. Dein Dich sehr liebender Levit[an]

[Moskau, 9. Oktober 1897, eingetroffen in Biarritz laut Poststempel 13. Oktober]

Telegramm

Biarritz Antoine Tschekoff. Moscou 1895 15 2 9 10

Télégraphiez aussitot Moscou adresse exacte pour envoyer deux milles lettre expliquera – Levitan

(Biarritz, an Anton Čechov.

Telegrafieren unverzüglich Moskau genaue Adresse um
zwei Tausend zu schicken Erklärung brieflich – Levitan)

[Moskau], 17. Oktober [1897]

Weiser Antonius!

Jeden Tag habe ich Dir schreiben wollen, und irgendwie hat
es nicht geklappt; aber Dir schreiben – außer dass ich wollte – musste ich auch. Wie kommst Du darauf, Du könntest
das Geld zurückschicken?!! Weiß der Herrgott, was das soll!
Du musst es unbedingt behalten, unbedingt, für alle Fälle.
Morozov hat es nicht eilig. Wozu willst Du für eine Woche
nach Russland kommen?!! Verzeih, aber das ist doch einfach
widersinnig! Schließlich reicht die kleinste Erkältung, die
man sich hier im Winter so leicht einfangen kann, und alles,
was Du im Süden erreicht hast, ist zum Teufel! Um Gottes
willen, tu das nicht! Hier ist es schlimm, sehr schlimm! Die
eine wie die andere Idee taugt nicht die Bohne. Bleib im
Süden und stell Deine Gesundheit wieder her, alles andere
ist Blödsinn, nichts als Blödsinn. Sei nicht böse, Lieber, aber
ich habe Angst, wirklich.

Von Zeit zu Zeit sehe ich Marja Pavlovna, Lika, und heute wollen sogar beide zu mir kommen, zusammen mit der
Psychopathin Kundasicha*.

Ich habe eine Leidenschaft für die Arbeit gefasst. Die Muse hat sich mir wieder hingegeben, und aus diesem Grunde fühle ich mich vorzüglich. Zeitungen lese ich keine, obwohl ich gehört habe, dass man Dich in den Russkie vedomosti* verrissen hat. Übrigens habe ich mich auch in die Presse begeben: Dieser Tage hat man in den Russie vedomosti eine Notiz von mir über den kürzlich verstorbenen Maler Savrasov* gedruckt. Was sagst Du nun? Der Ruhm des Militiades* – Deiner – lässt mich nicht ruhig schlafen!

Wann ich mich ins Ausland aufraffe, weiß ich noch nicht genau. Hängt davon ab, wann ich mit der Arbeit fertig bin.

Wie fühlst Du Dich, führst Du ein interessantes Leben? Beaulieu kenne ich und mag es nicht, wie die gesamte Riviera. Zu süßlich. Also bleib gesund, und lass uns versuchen, am Leben zu bleiben. Und statt das Geld bis Januar aufzuheben, gib es jetzt aus, und schreib Morozov sofort. Das wäre großartig.

Dein Levit[an].

Morozov wohnt: Kudrinskaja Sadovaja, Haus Krejc.

[Moskau], 22. November [1897]

Lieber Anton Pavlovič, wieso ist von Dir kein Sterbenswort zu hören? Wie geht es, wie fühlst Du Dich, was macht die Gesundheit? Ich habe auch Marja Pavlovna seit drei Wo-

chen nicht gesehen, deshalb weiß ich überhaupt nichts von
Dir. Bist Du wegen irgendwas böse? Ergehe mich in allen
möglichen Vermutungen.

Schreib wenigstens ein Wörtchen.

Dein Levit[an]

[Moskau], 28. Dezember [1897]

Lieber Antonius!

Ich habe mich die ganze Zeit miserabel gefühlt, und deshalb
stand mir der Sinn natürlich nach niemandem und nichts;
verzeih, deshalb habe ich auch Dir nicht geschrieben; und um
die Wahrheit zu sagen, ich dachte, Du wärst längst in Algier.

Dass Du Morozov das Geld geschickt hast, ist Deine Sache, was soll man machen, trotzdem schade, dass Du es
geschickt hast, wo Du es ihm persönlich hättest geben können (ich war überzeugt, ihr würdet euch treffen, denn er
ist schon seit zwei Wochen in Nizza, Hôtel Bristol). Schade,
sehr schade, dass es so gekommen ist. Ich hatte gedacht, er
würde bei Dir vorbeischauen, aber er hat es, wahrscheinlich
aus übertriebener Rücksicht, nicht getan. Schade, ärgerlich.
Wie fühlst Du Dich, lieber, guter Anton Pavlovič, denkst Du
nach Algier zu fahren? Wann ich Dich besuchen komme,
weiß ich noch nicht.

Verzeih, die Nerven sind dermaßen überreizt, dass ich
nicht in der Lage bin zu schreiben. Von Herzen alles Glück.

Dein Levit[an]

Ach Du gestreifte Hyäne, verfluchtes Krokodil, Waldschrat ohne Rückgrat mit nur einem Nasenloch, Quasimodo durch und durch, ich weiß nicht, wie ich Dich noch beschimpfen soll! Ich soll an Herzwürmern leiden*!! Ach Du gottloser Beelzebub! Selber leidest Du daran, nicht ich, und immer sollst Du daran leiden bis ans Ende Deiner Tage! Hege ja nicht die Hoffnung, mich je wiederzusehen – ich will Dich nicht sehen, Du bist mir widerwärtig, jetzt weißt Du's.

Auch wenn ich nach Nizza kommen sollte, werde ich eine Begegnung mir Dir zu vermeiden wissen. Ich werde auch Morozov nicht länger zu Dir lassen, sonst steckst Du ihn noch an – leide allein an Deinen Herzwürmern!

Und trotzdem, soll ich nicht Gnade vor Zorn ergehen lassen?! Ich bin so tollkühn, Dir zu verzeihen, und Du vergiss meine Großmut nicht.

Ich kann jetzt noch nicht in den Süden kommen; wahrscheinlich werde ich mich erst in einem Monat losreißen können. Marja Pavlovna sagte mir, dass Du nach Korsika fährst, bleibst Du dort lange? Werde ich Dich dort zu fassen bekommen?

Ich bin sehr froh, dass Morozov Dir gefallen hat, er ist ein guter Mensch, nur zu reich, das ist das Schlimme, vor allem für ihn. Welchen Eindruck hattest Du von seinem Arzt? Bitte grüß die beiden.

Großen Aufruhr löst bei uns Tolstojs Essay über die

Kunst aus – genial und blödsinnig zugleich. Hast Du ihn
gelesen?

Ich stelle meine Bilder fertig, nicht schlecht, wie man
sagt, aber weiß der Teufel. Vor ein paar Tagen war Tretjakov
da, er sprach über Dein Porträt, er hat es gesehen, würde
aber vorziehen, dass Braz zu Dir kommt, wenn es Dir passt,
und versucht, Dich noch einmal zu malen.

P. S. Bleib gesund, und lass uns versuchen, am Leben zu
bleiben, den Feinden zum Trotz.

Dein Levit[an]

P. S. Hast Du mal etwas von D'Annunzio gelesen? Ein wunderbarer Schriftsteller; ich war beim Lesen außer mir.

Bad Nauheim, 31. Mai [1898]

Wie lange habe ich schon keine Nachrichten von Dir, lieber
Anton Pavlovič! Bist Du wegen irgendetwas böse? oder hattest Du einfach keine Lust zu schreiben? Das würde ich noch
verstehen. Na, Gott mit Dir. Wie fühlst Du Dich? Du bist
wahrscheinlich schon zu Hause auf dem Land? In der letzten
Zeit habe ich nur von anderen etwas über Dich erfahren.
Ich habe gehört, dass Dir der Aufenthalt im Süden enorm
gutgetan hat, worüber ich mich natürlich mehr als gefreut
habe. Welches Wetter hast Du in Moskau vorgefunden?

Ich habe im Frühjahr Typhus gehabt; wäre beinahe abgekratzt. Jetzt bin ich hier in Behandlung, d.h. ich nehme Bäder und treibe Gymnastik. Fühle mich sehr viel besser. Lang-
weile mich hier entsetzlich, niemand, mit dem ich auch nur
ein Wort wechseln könnte. Bin umgeben von Engländern,
die es, apropos, wohin du in Europa auch kommst, überall
massenweise gibt, wie Fliegen im Sommer. Ich fange an zu
glauben, dass es in England keine Engländer mehr gibt, weil
überall viel zu viele sind. In ein oder zwei Wochen fahre ich
wahrscheinlich nach Russland, wohin ich ums Verrecken
gern möchte. Auch wenn es ein wildes Land ist, ich liebe es!

Wie geht es den Deinen? Wie steht es mit Marja Pavlovnas Fortschritten?

Wenn Du zu faul bist zu schreiben, soll wenigstens Marja
Pavlovna ein paar Zeilen kritzeln.

Drücke Dir freundschaftlich die Hand.

I. Levit[an]

Deutschland, Bad Nauheim, Hôtel du Nord, Levitan

Podsolnečnoe*, 23. Juni [1898]

Mein nicht lieber Anton Pavlovič!

Ich bin aus dem Ausland zurück und sofort weiter aufs Land
gefahren. Lebe hier an einem prachtvollen Ort: am Ufer
eines sehr tiefen, riesengroßen Sees; rings um mich nur

Wälder, und im See brodelt es nur so von Fischen, sogar Krokodile gibt es (das müsste dich doch verlocken?!).

Ich wollte Dich und die Deinen gern sehen, aber ich bin aus dem Ausland total geschwächt wiedergekommen, weshalb ich auch nicht nach Melichovo gefahren bin. Das Schlimmste für mich ist die Fahrt im Pferdefuhrwerk – das Herz führt dabei derartige Kunststücke auf, dass einem unwillkürlich angst und bange wird. Aber sehen möchte ich Dich trotzdem, weshalb ich vorschlage: komm Du zu mir und sei mein Gast. Ich verspreche jegliche Form von Komfort, sogar ein Klosett. Bring die Angeln mit und fang Dir hier nach Herzenslust die dicksten Fische. Was hältst Du davon? Hier ist es selten schön. Vielleicht will sich Marja Pavlovna Dir anschließen, das wäre wunderbar! Ich liebe Euch sehr, auch wenn Ihr das nicht wert seid, Du vor allem. Na, Gott steh Dir bei!

Wenn Du nicht kommst, werde ich mich dennoch zu Euch aufmachen, obwohl mich das teuer zu stehen kommen könnte, die Straßen bei Euch sind schon sehr schlecht!

Also, wie Du meinst. Gruß an Deine Schwester, die Deinen, und Du nimm meinen tief empfundenen Hass entgegen!

Levit[an]

Nikolaj-Eisenbahn, Podsolnečnoe, Landgut Olenin, Levitan.

Mir fällt es schwerer, zu Dir zu kommen, Anton Pavlovič, als Dir zu mir, denn Du träumst bereits von 3–4 Tausend Werst*, während ich nach Moskau müsste, und das sind nur 60 Werst, aber ich kann mich nicht entschließen zu fahren, angesichts des »unzulänglichen« Herzens. Doch nachdem Du vorhast, bei irgendwelchen Fürsten Nesvirskij zu gastieren, schaust Du ja vielleicht, nach den Fürsten, auch bei einem gewöhnlichen Sterblichen vorbei. Weiß der Teufel, was das soll: auch Du schwimmst offenbar nur im seichten Wasser, sodass der Arsch rausguckt! Zu Fürsten fahren, das geht – zu mir nicht! Ein Ferkel natürlichen Formats, das bist Du.

Wenn Du zu den Nesvirskijs fährst, komme ich nach Melichovo, um gute Menschen zu besuchen. Dann werden dort nur gute sein.

Leb wohl, Gesundheit wünsche ich Dir trotzdem.

das Mitglied der Akademie

Das hat gesessen, oder? Und trotzdem, so wahr mir Gott helfe, liebe ich Dich, auch wenn Du ein Scheusal bist!

Wenn Du nicht kommen willst, und mir wird es kaum möglich sein, dann schreib klar und deutlich, worum es geht und worauf Du anspielst!

Antonio!

Nesterovs* Adresse habe ich nicht. Könnte sie in der Stadt erfragen, aber wahrscheinlich komme ich nicht so bald dorthin. Hat nicht Marja Pavlovna noch den Katalog der Wanderausstellung* – dort stehen sämtliche Adressen der Maler drin.

Bei uns war es ebenfalls schön. Der Mond war sogar schöner als bei Euch, und jetzt ist er genauso weg wie bei Euch. In Europa verstummt offenbar alles, und mein Ruhm beginnt den Deinen zu verdunkeln. Kapiert?

Wie geht es Fürst Nesvirskij? Im Übrigen Gott befohlen und grüß die Deinen.

Dein Levit[an]

Bogorodskoe, 19. Aug. [1898]

In der Geschichte zwischen Braz und Tretjakov* erkenne ich Letzteren wieder. Auch ich hatte mit ihm ganz ähnliche Geschichten. Ich persönlich kann, obwohl ich Tretjakov gut kenne, keinerlei Einfluss nehmen. Das einzige und beste Mittel wäre – Du schreibst ihm selbst. Braz soll erst einmal die Antwort abwarten, vielleicht ist Tretjakov nicht in Moskau. Ich habe großes Mitgefühl mit Braz und verstehe, wie ihm zumute ist, wenn das Porträt tatsächlich gelungen ist.

Deine untauglichen Marken habe ich bekommen und weggeworfen, nachdem ich mit Papiergeld bezahlt hatte. Tja, auch die Schriftsteller sind heute nicht mehr das!

Soll ich Dich erwarten oder nicht? Der Barsch beißt ausgezeichnet.

Komm. Was macht die Gesundheit?

Herzlichen Gruß an die Deinen.

Dein Levi[tan]

P. S. Schick den Brief.

[Moskau], 27. November [1898]

Habe mich sehr gefreut, wenigstens ein paar Zeilen von Dir zu bekommen, mein lieber Anton Pavlovič. Ich wollte Dir einige Male schreiben, aber Allah ist mein Zeuge, dass ich die Wahrheit spreche: ich wusste Deine Adresse nicht (und nie hätte ich gedacht, dass man schreiben könnte: Krim, An Čechov!!!* So eine Popularität hab ich, verzeih, nicht erwartet). Bei Marja Pavlovna bin ich gewesen, habe sie zweimal nicht angetroffen.

Am selben Tag, an dem Dein Brief kam, war auch Marja Pavlovna bei mir. Sie hat ziemlich detailliert von Dir erzählt, von Deinen Absichten. Eine großartige Idee, in Jalta zu überwintern.

Und Du Kauz willst nach Moskau! Wenn Du Dir nur vorstellen könntest, welch ungeheuer säuisches Wetter

wir haben, Du würdest Dir diesen Wunsch aus dem Kopf
schlagen und wärst entzückt darüber, dass Dich Sonne und
Wärme umgeben. Es ist schon wahr, dort ist das Glück, wo
man nicht ist!

Du fragst nach mir! Manchmal geht es mir gut, manchmal liege ich da und schnappe nach Luft wie der Fisch ohne
Wasser.

Die Krankheit ist ziemlich schwerwiegend! Allgemein
fühle ich mich aber besser. Ich arbeite sehr viel. Die Bilder,
die ich angefangen habe, kosten mich sehr viel Kraft, und
auch die Schule* zehrt an meinen Kräften! Ich muss den
Studenten beibringen, dass mit der Muse zu kopulieren weiser und notwendiger ist als die Kopulation mit irgendeiner
Frau!

Sodann habe ich es auch noch übernommen, ein paar
Illustrationen zu Puškin* zu machen. Kurz – ich stehe unter
Hochdruck!

War zweimal bei Stanislavskij*. Begabte Leute! Ich denke,
es müsste auch in Jalta gute Gesellschaft geben? Verkehrst
Du bei Sredin*? Ich kenne den Maler Sredin, den Bruder
Deines Bekannten – ein begabter Mensch.
Hör zu, wenn Du Geld brauchst, willst Du es mir nicht
sagen? Oder Morozov? Was meinst Du?

Einstweilen auf Wiedersehen. Ich komme vielleicht um
Weihnachten für ein, zwei Wochen nach Jalta.

Ich wünsche Dir alles Gute, vor allem – Gesundheit.

Dein Dir aufrichtig ergebener
Levit[an]

Ich habe hin und her überlegt, lieber Anton Pavlovič, wie
man die Sache mit Morozov am besten, zuverlässigsten ein-
fädeln sollte, und bin entschieden der Meinung, dass Du
ihm selbst ein paar Zeilen schreiben* solltest über Deinen
Kredit. Das ist absolut das Beste, Du wirst selbst zu diesem
Schluss gelangen, wenn Du es genau durchdenkst. Adresse
Kudrinskaja Sadovaja, ehem. Haus Krejc.

Meine Reise nach Jalta ist noch nicht endgültig beschlossen, alles hängt davon ab, ob ich die Bilder zu Ende bringe.
War bei den Deinen. Sie haben sich nicht übel eingerichtet.
Marja Pavlovna hat Riesenfortschritte in der Malerei gemacht. Wie begabt Ihr Čechovs seid. Dass Du wieder Blut
gehustet hast – Du hast wohl zu eifrig kopuliert. Hat nicht
die Dame, von der Du schreibst, »Unflat« zu Dir gesagt?

Ich möchte Dich sehr gerne sehen, ich weiß noch nicht,
ob es klappt. Wahrscheinlich ja.

Drücke Dir freundschaftlich die Hand.

Dein Levit[an]

[Moskau], 8. Januar [18]99

Eben komme ich aus dem Theater, wo *Die Möwe** gegeben
wurde. Da ich nicht die Möglichkeit hatte, eine Karte am
Abend zuvor zu kaufen – da ich nie weiß, wie mein Herz sich

aufführt –, kam ich immer erst kurz vor Vorstellungsbeginn
ins Theater und fand mehrmals keinen Platz. Gestern hatte
ich beschlossen, koste es, was es wolle, *Die Möwe* anzu-
schauen, und bekam von einem Wucherer für den doppelten
Preis einen Sitz im Parkett. Wahrscheinlich hat man Dir
geschrieben, wie Dein Stück läuft und wie es inszeniert ist.
Ich sage Dir das eine: ich habe es erst heute begriffen. Beim
Lesen war es mir nicht sonderlich tief erschienen. Hier jedoch, ausgezeichnet, sorgfältig geprobt, mit Liebe inszeniert,
durchgearbeitet bis in die kleinsten Einzelheiten, erweckt
es einen wunderbaren Eindruck. Wie soll ich Dir sagen,
ich bin noch nicht wieder ganz bei mir, aber ich gestehe
eines: ich habe zuhöchst künstlerische Augenblicke erlebt,
während ich *Die Möwe* sah … Aus ihr weht einem jene
Trauer entgegen, die einem aus dem Leben entgegenweht,
wenn du es genauer betrachtest. Gut, sehr gut! Auch das
Publikum, unser Publikum der Theater Korš, Omon*, war
ergriffen, gebannt vom Eindruck eines wahren Kunstwerks.
An die Adresse des Regisseurs kann man nur ein ganzes
Bündel an Dankbarkeit richten. Wenn es einige Holprig-
keiten gibt, dann doch sehr unbedeutende. So hätten sie es
auf der kleinen Bühne nicht inszeniert. Dein Stück weckt
das lebhafteste Interesse, das ist klar.

Wie ist Deine Gesundheit?

Aus meinen Absichten wird nichts – ich hatte immer gedacht, zur Erholung zu dir nach Jalta zu kommen, habe
mich aber mit den verschiedensten Arbeiten befassen müs-

sen. Die Schule ermüdet mich. Die Bilder ermüden mich, die ich zugleich aber nicht hinwerfen kann, wie Dein Trigorin* sagt, weil jeder Künstler ein Leibeigener ist. Und wie fühlst Du Dich denn? Hast Du Morozov geschrieben?* Mein Guter, bei Gott, ich kann mit Morozov einfach nicht über den Kredit sprechen, ich kann es nicht, ich schwör's bei meinem Augenlicht; das Einfachste wäre, Du sagtest es ihm selbst, und die Sache wäre im Nu erledigt.

Ich bin oft bei den Deinen. Alle sind wohlauf. Übrigens habe ich im Theater Madame Nemirovič* gesehen, sie bat mich, Dir zu sagen, sie sehe *Die Möwe* jetzt zum fünften Mal und mit ständig wachsendem Interesse. Auch Lenskij* habe ich gesehn. Er ist ebenfalls begeistert vom Stück wie von der Inszenierung. Was sagst Du nun? Das will doch was heißen!

Also, bleib gesund. Schick Dir der Herrgott alles außer Tripper und Eiterbeulen.

Dein Levit[an]

[Aus Bajdary*], 24. Dezember 1899

Telegramm

Erwarte heute das berühmte Akademiemitglied I. L.

Bin wohlbehalten zurück, Anton Pavlovič, lediglich am
Aj-Todor* hat es ordentlich geschaukelt, weißt Du, aber es
ging alles ohne Folgen ab. Im Zugabteil war ich die ganze Zeit in Gesellschaft des langweiligen Rybackij und des
sehr interessanten Fürsten Liven*. Letzterer ist ein außergewöhnlich interessanter und gebildeter Herr. Überhaupt
ein bemerkenswerter Typ. Denke, es wäre für Dich sehr
interessant, ihn näher kennenzulernen. Es lohnt.

In den kommenden Tagen werde ich mir die Zeit nehmen
und mich erkundigen wegen der Illustrationen zu Deinen
Erzählungen. Die Farben für Sredin schicke ich dieser Tage.

Hier ist es verteufelt kalt und eklig.

Bist Du mir nicht mehr böse? Uh, Du Griesgram!

Einen Gruß an Deine Mutter.

Ist Marja Pavlovna abgereist?

Alles Gute.

Herzlich Dein
Levit[an]

[Moskau], 7. Februar [1900]

Wie fühlst Du Dich, Herr Ehrenmitglied der Akademie?*
Dauert Dein Fieber an, von dem Du mir geschrieben hast?
Ich neige zu der Annahme, dass es sich bei diesem Fieber um

ein Fieber der Selbstverliebtheit handelt – Deine chronische Krankheit! Erst jetzt ist mir klar, warum Dich die Frage der Wahlen in die Akademie so erregt hat und Du Gespräche über die Notwendigkeit der Wahl Michajlovskijs* geführt hast, während Du als Hintergedanken im Kopf hattest: ich, ich bin das eigentliche Akademiemitglied! Da ist sie, Deine Achillesferse – Du Entblößer menschlicher Achillesfersen! Aber welche Schmach und Schande, mein Teurer. Auch wenn ich nur einfaches Akademiemitglied bin, lasse ich mich dennoch zu Dir Ehrenmitglied herab und strecke Dir die Hand entgegen. Gott steh Dir bei.

Lege Ausschnitte aus einer deutschen Zeitschrift bei – die Behandlung von Tuberkulose*; vielleicht findest Du es interessant.

Einen Illustrator für Dich habe ich nicht gefunden; bei genauem Hinsehen – gibt es einfach niemanden. Pasternak* hat zu tun. Wrubel* wird Dir fremd sein.

Mein Aufenthalt auf der Krim hat mir erstaunlich gutgetan – bis heute zehre ich bei der Arbeit von diesem Vorrat.

Schreib das bitte nicht Dir zu – Dein Einfluss auf mich war abscheulich (hast mich verdorben).

Im Ernst, wie ist Dein Befinden, besser? Vor ein paar Tagen habe ich Liven gesehen, er sagte, in Jalta wären 30° Wärme. Ist das wahr? Beneidenswert. Habe die Andrejeva* kennengelernt, die wunderbare Darstellerin der Käthe in den *Einsamen** – sie ist entzückend, und Dich hasst sie. Ich habe mich wahnsinnig verliebt.

Also, mein Lieber, ich drücke Ihnen freundschaftlich die begabte Pranke, die es fertiggebracht hat, eine solche Unmenge Papier zu versauen.

Ich küsse Ihre genialische Stirn.

Der größte Landschaftsmaler des Universums. Kapiert?

Dein Levit[an]

Gruß an Deine Mutter.

P. S.: Und trotzdem muss ich anfügen, dass Du Dich mit Goj-skij nicht vergleichen kannst.

Bitte, wenn Du Rybackij siehst, frag ihn nach dem Vasiljev-Bild,* von dem er mir erzählt hat. Sieh es Dir selber an. Ich vertraue Dir. Wenn es interessant ist, lass mich wissen, wie viel sie dafür verlangen.

Ganz Dein
Levit[an]

Trojanovskij* bezeugt Dir seine herzliche Verehrung und gratuliert zum Akademiemitglied.

[Moskau], 16. Februar [1900]

Gestern, lieber Anton Pavlovič, habe ich mich in der Schule für Malerei wegen Šapovalovs Bitte* erkundigt. Weder eine Venus noch ein Recke in gewünschtem Format, es sind nur

56 große da. Das mit Vasiljevs Bildern richte ich den Liebhabern* aus. Geh sie Dir ansehn und beschreib sie mir, wie dem auch sei, Dein künstlerischer Geschmack muss ja trotzdem ein wenig ausgebildet sein; was wärst Du sonst für ein Akademiemitglied?

Lieber, Du langweilst Dich in Jalta, aber sterbenslangweilig ist es hier auch. Nur aus der Ferne sieht alles rosig aus.

Heute fahre ich nach Piter, bin aufgeregt wie ein Schweinehund – meine Schüler debütieren auf der Wanderausstellung. Ich zittere mehr um sie als um mich selbst! Auch wenn man die Meinung der Mehrheit verachtet, beängstigend ist es doch, hol's der Teufel!

Vor ein paar Tagen hörte ich von Deiner neuen Erzählung in Žizn* (habe sie selbst noch nicht gelesen); man sagt, sie sei von staunenswerter Qualität. Bist Du wirklich fähig, solche Werke hervorzubringen?! War dieser Tage bei Maša und habe meine liebe Knipper* gesehen. Sie gefällt mir von Mal zu Mal besser, denn ich bemerke eine gebotene Abkühlung gegenüber dem Ehrenakademiemitglied. Im April denke ich nach Jalta zu kommen, aber bei dem Griesgram Čechov werde ich natürlich nicht absteigen. Gott hab ihn selig.

Hinsichtlich der Dankbarkeit für die Bekanntschaft mit Dir, von der Du schreibst – wenn die Zaren jetzt auf der Wanderausstellung mein Bild kaufen, gehen 10 Pfund Kaviar auf mich und dazu 10 Dutzend Präservative zu Deinem Vergnügen, Du Wüstling.

Ich kann in letzter Zeit keine Zeitungen mehr lesen, sie gehen mir mit dem Namen Čechov auf die Nerven; wohin

man auch schaut, überall A. Čechov. Widerwärtig, diese Zei-
tungsschreiber!

Also, bleib gesund, das ist die Hauptsache, und blase nicht
Trübsal – das ist fruchtlos. Sammle Deine Kräfte zum Troste
der Menschheit. Ist das nicht toll gesagt?

Gruß an Deine Mutter. Drücke Dir freundschaftlich die
Hand. Dein Dich sehr liebender

Levit[an]

[Moskau], 1. März [1900]

Lieber Anton Pavlovič!

Hast Du nicht ein Exemplar von der *Möwe* und *Onkel Vanja**? Es wird gebraucht für einen Deiner Übersetzer ins
Deutsche* (den Namen habe ich momentan vergessen), der
übrigens beabsichtigt, diese beiden Stücke in München auf
die Bühne zu bringen. Wenn Du keine hast, sag mir, wo ich
sie besorgen kann.

Wie ist Dein Befinden? Bei Euch steht sicher der Frühling in voller Blüte? Beneidenswert.

Ich bin eben aus Piter von der Ausstellung zurück. Bin
müde wie ein Hund und hasse alles, ausgenommen natürlich
Dich und die reizende Knipper.

Drücke Dir die Pranke. Gruß an Deine Mutter.

Dein Levit[an]

Warum schreibst Du nichts von den Vasiljev-Bildern?

Lieber Anton Pavlovič!

Der Überbringer dieses Briefes Fürst Aleksej Petrovič Kugušev* ist ein guter Dichter und, wie ich weiß, ein wunderbarer Mensch. Das ist alles, vom Übrigen schweige ich.

Ich drücke Dir die Hand.

Gruß an die Deinen.

Dein Levit[an]

Valentin Serov: *Porträt Isaak Levitan*, 1893,
Öl auf Leinwand, 81,5 × 86 cm

Serov porträtiert Levitan,
Anfang der 1890er-Jahre

62 Naturbeschreibungen müssen meiner Meinung nach sehr kurz sein und den Charakter des à propos besitzen. Gemeinplätze der Art: »Die untergehende Sonne, die sich in den Wellen des dunkelnden Meeres badete, verströmte purpurnes Gold« usw. »Die Schwalben, die über die Oberfläche dahinflogen, zwitscherten fröhlich« – solche Gemeinplätze muß man bleibenlassen. In Naturbeschreibungen muß man sich an kleine Einzelheiten halten, die man so gruppiert, daß sie beim Lesen, wenn man die Augen schließt, ein Bild ergeben. Du hast zum Beispiel die Mondnacht, wenn du schreibst, daß auf dem Mühlenwehr der Hals einer zerbrochenen Flasche blitzt wie ein heller Stern und wie eine Kugel der Schatten eines schwarzen Hundes oder Wolfs vorbeirollt usw. Die Natur scheint belebt, wenn du dich nicht scheust, Vergleiche ihrer Erscheinung mit menschl. Handlungen zu benützen usw.

Anton Čechov an Aleksandr Čechov, 10. 5. 1886

Isaak Levitan: *Porträt Anton Čechov*, 1885/86,
Öl auf Papier, 41,8 × 31 cm

Isaak Levitan: *Selbstporträt*, 1880er-Jahre

Eben habe ich den Brief beendet, als die Klingel ertönt und ... ich den genialen Levitan erblicke. Ganovenmütze, Geckenkostüm, erschöpftes Aussehen ... Er war 2mal in *Aida*, einmal in der *Rusalka*, hat Rahmen bestellt, die Skizzen fast verkauft ... Er sagt, ihm sei langweilig, langweilig und nochmals langweilig. – Gott weiß, was gäbe ich für 1–2 Tage in Babkino! – ruft er, wahrscheinlich hat er vergessen, wie er die letzten Tage gejammert hat.

Anton Čechov an Marja Vladimirovna Kiselëva, 21.9.1886

Skizze zu *Stilles Kloster*,
1890er-Jahre

Ich war auf der Ausstellung der Peredvižniki. Levitan genießt die Feier seiner großartigen Muse. Sein Bild macht
Furore. Mein Cicerone durch die Ausstellung war Grigorovič, der mir sämtliche Qualitäten und Mängel der Bilder
erklärte; von Levitans Landschaft ist er entzückt. Polonskij
findet die Brücke zu lang; Pleščejev sieht einen Widerspruch
zwischen Titel und Inhalt des Bildes: »Ich bitte Sie, er nennt
es ein stilles Kloster, dabei ist da alles so lebensfroh...« usw.
Auf jeden Fall ist Levitans Erfolg außergewöhnlich.

Anton Čechov an Marja Pavlovna Čechova, 16.3.1891

Als alle müde waren und Laptev Kostja suchen ging, um nach Haus zu fahren, blieb Julija vor einer kleinen Landschaft stehen und betrachtete sie gleichgültig. Im Vordergrund sah man ein Flüßchen, über das eine kleine Holzbrücke führte, am anderen Ufer einen Pfad, der im dunklen Gras verschwand, dann ein Feld und weiter rechts ein Stückchen Wald und daneben ein Lagerfeuer: wahrscheinlich bewachte man bei Nacht die weidenden Pferde. In der Ferne verglühte die Abendröte.

Julija stellte sich vor, wie sie selbst über die kleine Brücke und dann den Pfad entlangging, immer weiter und weiter, ringsum war es still, schläfrige Wachtelkönige riefen, und in der Ferne flackerte das Feuer. Und plötzlich wollte es ihr scheinen, als habe sie dieselben kleinen Wolken, die sich über den roten Teil des Himmels hinzogen, und den Wald und das Feld schon längst und viele Male gesehen; sie fühlte sich einsam und hatte Lust, auf diesem Pfad immer weiter zu gehen; dort, wo die Abendröte war, ruhte der Widerschein von etwas Überirdischen und Ewigem. »Wie gut das gemalt ist!« sagte sie und staunte, daß ihr das Bild auf einmal verständlich war. »Schau, Alëša, fühlst du, wie still es hier ist?«

Anton Čechov in der Erzählung Drei Jahre, *1895*

Isaak Levitan: *Stilles Kloster*, 1890,
Öl auf Leinwand, 87 × 108 cm

Isaak Levitan: *Bewaldetes Ufer. Dämmerung*, 1892,
Öl auf Leinwand, 129,5 × 176,5 cm

Der alte Park, düster und streng, angelegt auf englische Manier, erstreckte sich beinahe über eine Werst vom Haus bis an den Fluss und endete hier in einem abschüssigen lehmigen Steilufer, auf dem Kiefern mit entblößten Wurzeln wuchsen, zottigen Pfoten ähnlich; unten funkelte wenig einladend das Wasser, darüber flogen mit kläglichem Piepen die Schnepfen, und immer war hier eine Stimmung, dass man sich am liebsten hingesetzt und eine Ballade geschrieben hätte.

Anton Čechov in der Erzählung Der schwarze Mönch, *1893*

Isaak Levitan mit Vesta, 1880er-Jahre

Bei mir zu Gast ist der Maler Levitan. Gestern Abend war ich mit ihm auf dem Schnepfenstrich. Er schoß auf eine Schnepfe; diese fiel, in den Flügel getroffen, in eine Pfütze. Ich hob sie auf: der lange Schnabel, die großen schwarzen Augen und ein wunderschönes Gefieder. Sie schaut mich erstaunt an. Levitan runzelt die Stirn, bedeckt die Augen und bittet mit bebender Stimme: »Lieber, schlag sie mit dem Kopf gegen den Schaft...« Ich sage: das kann ich nicht. Er zuckt weiter nervös die Achseln, schüttelt den Kopf und bittet. Und die Schnepfe schaut mich weiter erstaunt an. Es blieb mir nichts weiter übrig, als Levitan zu gehorchen und sie zu töten. Ein schönes, verliebtes Wesen weniger auf der Welt, und zwei Idioten gingen nach Hause und setzten sich an den Abendbrottisch.

Anton Čechov an Aleksej Suvorin, Melichovo, 8.4.1892

Die ganze Energie eines Künstlers muß sich auf zwei Kräfte richten: den Menschen und die Natur. Auf der einen Seite physische Schwäche, Nervosität, frühe Geschlechtsreife, leidenschaftlicher Drang nach Leben und Wahrheit, Träume von einem Schaffen so weit wie die Steppe, ruheloses Analysieren, Armut an Kenntnissen neben hohem Gedankenflug; auf der anderen – die unermeßliche Ebene, das rauhe Klima, das graue, rohe Volk mit seiner schweren, kalten Geschichte, Tatarenjoch, Beamtentum, Armut, Unbildung, die Feuchtigkeit der Hauptstädte, slawische Apathie usw. … Das russische Leben schlägt den russischen Menschen so, daß kein Auge trocken bleibt, schlägt ihn wie ein Stein von tausend Pud Gewicht. In W.-Europa gehen die Menschen zugrunde, weil es zu eng und zu stickig ist zum Leben, bei uns, weil zu viel Raum ist…

Anton Čechov an Dmitrij Vasiljevič Grigorovič, 5.2.1888

Isaak Levitan: *Vladimirka*, 1892,
Öl auf Leinwand, 79 × 123 cm

76   Hingerissen vom Tscherkessen Levitan haben Sie vollkommen vergessen, daß Sie meinem Bruder Ivan versprochen hatten, am 1. Juni zu uns zu kommen, [...] Grüßen Sie Levitan. Bitten Sie ihn, daß er nicht in jedem Brief von Ihnen schreibt. Erstens ist das nicht gerade großmütig von ihm, und zweitens geht mich sein Glück nichts an.

Anton Čechov an Lidija Mizinova, 12.6.1891

Träumen Sie von Levitan mit seinen schwarzen Augen voll der afrikanischen Leidenschaft?

Anton Čechov an Lidija Mizinova, 28.6.1892

Ja, auf dem Lande ist es jetzt schön. Nicht nur schön, sondern sogar wunderschön. Es ist richtiger Frühling, die Bäume schlagen aus, es ist heiß. Die Nachtigallen schlagen, und die Frösche quaken in den verschiedensten Stimmlagen. Ich habe keinen Groschen in der Tasche, aber ich denke so: Reich ist nicht, wer viel Geld hat, sondern wer die Mittel hat, jetzt in der üppigen Umgebung zu leben, die der Frühling bietet.

Anton Čechov an Lidija Avilova, 29.4.1892

Vasilij Polenov, *Kopf von I. I. Levitan in der Haltung des Christus*, Studie 1894

Fürs Debüt in einer dicken Zeitschrift habe ich die Steppe gewählt, die lange nicht mehr beschrieben worden ist. Ich schildere die Ebene, die violette Ferne, Schafzüchter, Juden, Popen, nächtliche Gewitter, Herbergen, Steppenvögel usw. Jedes einzelne Kapitel stellt eine Erzählung für sich dar, und alle Kapitel sind verbunden wie die fünf Figuren der Quadrille, durch ihre nahe Verwandtschaft. Ich bemühe mich, daß sie einen gemeinsamen Geruch und einen gemeinsamen Ton bekommen, was mir um so eher gelingen kann, als bei mir durch alle Kapitel eine Person läuft. Ich spüre, daß ich vieles bewältigt habe, daß es Stellen gibt, die nach Heu riechen, aber im Ganzen kommt etwas Merkwürdiges und nicht übermäßig Originelles heraus. […] Vielleicht wird sie meinen Altersgenossen die Augen öffnen und ihnen zeigen, welcher Reichtum, welch Brachland der Schönheit noch unberührt daliegt und welchen Platz der russische Künstler noch hat. Wenn meine kleine Novelle meinen Kollegen die Steppe, die sie vergessen haben, zu Bewußtsein bringt, wenn auch nur eines der von mir leichthin und trocken skizzierten Motive irgendeinen Dichter zum Nachdenken veranlaßt, dann ist das schon genug.

Anton Čechov über Steppe *an*
Dmitrij Vasiljevič Grigorovič, 12.1.1888

Isaak Levitan: *Heuschober. Dämmerung*, 1899,
Öl auf Holz, 60 × 74,6 cm

Čechov in seinem Haus in Jalta,
links Levitans *Heuschober* am Kamin.

Levitan ist bei uns. Auf meinen Kamin hat er eine Mondnacht während der Heuernte gemalt. Eine Wiese, Heuschober, in der Ferne Wald, über allem der Mond.

Anton Čechov an Olga Knipper, 2.1.1900

Ich bin der Meinung, daß wahres Glück ohne Müßiggang unmöglich ist. Mein Ideal: müßig zu sein und ein fülliges Mädchen zu lieben. Der höchste Genuß ist für mich – spazierenzugehen oder dazusitzen und nichts zu tun; meine Lieblingsbeschäftigung ist, Dinge zu sammeln, die niemand braucht (Blätter, Gräser usw.), und Nutzloses zu tun. Ich bin aber Literat und muß schreiben, sogar hier in Jalta. […]

Die Stachelbeeren hier sind noch nicht reif, aber es ist warm, hell, die Bäume schlagen aus, das Meer sieht aus wie im Sommer, die Mädchen lechzen nach Gefühlen, aber der Norden ist trotzdem schöner als der russische Süden, zumindest im Frühling. Bei uns ist die Natur trauriger, lyrischer, levitanischer, hier ist sie weder Fisch noch Fleisch, wie ein schönes, klangvolles, aber kaltes Gedicht.

Anton Čechov aus Jalta an Lidija Mizinova, 27.3.1894

Isaak Levitan: *Stürmischer Tag*, 1897,
Öl auf Leinwand, 82 × 86,5 cm

ANTON ČECHOV

—

Das Glück

Jakov P. Polonskij*
gewidmet

Aus dem
Russischen von
Brigitte van Kann

Am breiten Steppenweg, der Große Poststraße genannt wurde, nächtigte eine Schafherde. Zwei Hirten bewachten sie. Der eine, ein Greis von etwa achtzig Jahren, zahnlos, mit zitterndem Gesicht, lag dicht am Weg auf dem Bauch, die Ellbogen auf die staubigen Blätter des Wegerichs gestützt; der andere – ein junger Bursche mit dichten schwarzen Brauen und schnurrbartlos, gekleidet in Leinwand, aus der man billige Säcke näht, lag auf dem Rücken, die Hände unter dem Kopf, und schaute zum Himmel hinauf, wo sich direkt über seinem Gesicht die Milchstraße ausdehnte und die Sterne schlummerten.

Die Hirten waren nicht allein. Zwei Schritte* von ihnen entfernt hob sich vom Halbdunkel, das den Weg bedeckte, schwarz ein gesatteltes Pferd ab, und neben ihm stand an den Sattel gelehnt ein Mann in hohen Stiefeln und kurzer Joppe, offensichtlich ein herrschaftlicher Feldhüter*. Nach seiner straffen und regungslosen Gestalt, seinem Benehmen, dem Umgang mit den Hirten, dem Pferd zu urteilen, war er ein ernsthafter, besonnener Mensch, der sich seines Wertes bewusst war; selbst im Dunkeln waren bei ihm Anzeichen einer militärischen Haltung und jener hochmütig-herablassende Ausdruck zu erkennen, den man durch den häufigen Umgang mit Herrschaften und Verwaltern erwirbt.

Die Schafe schliefen. Vor dem grauen Hintergrund der Morgenröte, die sich bereits über den östlichen Teil des Himmels zu breiten begann, sah man hier und da die Silhouette von Schafen, die nicht schliefen; sie standen, die Köpfe gesenkt, und dachten über etwas nach.* Ihre Gedanken, schleppend und zäh, nur heraufbeschworen von den Erscheinungen der weiten Steppe und des Himmels, der Tage und Nächte, erschütterten und bedrückten sie vermutlich selbst bis zur Bewusstlosigkeit, und wie sie so angewurzelt dastanden, bemerkten sie weder die Anwesenheit eines fremden Menschen noch die Unruhe der Hunde.

In der schläfrigen, reglosen Luft stand das monotone Geräusch, ohne das keine Sommernacht in der Steppe auskommt; ununterbrochen zirpten die Grillen, sangen die Wachteln, und eine Werst* von der Herde entfernt in der Schlucht, wo ein Bach floss und Weiden wuchsen, schlugen träge die jungen Nachtigallen.

Der Feldhüter hatte angehalten, um bei den Hirten Feuer für seine Pfeife zu erbitten. Schweigend zündete er sie an und rauchte sie zu Ende, dann lehnte er sich, ohne ein Wort zu sagen, gegen den Sattel und versank in Nachdenken. Der junge Hirte schenkte ihm keinerlei Beachtung; er lag nach wie vor da und schaute in den Himmel, doch der Alte besah sich den Feldhüter lange und fragte:

– Ihr seid doch der Pantelej vom Makarov'schen Gut?

– Der bin ich.

– Dacht ich's mir. Hab Euch nicht gleich erkannt – Ihr werdet also reich.* Woher des Wegs?

– Von der Kovylever Flur.

– Weit weg. Vergebt Ihr die Flur in Teilpacht?

– Verschieden. In Teilpacht, in Pacht und als Gemüsefelder.* Eigentlich bin ich zur Mühle geritten.

Ein großer alter Hirtenhund von schmutzig-weißer Farbe, zottig, mit Fellbüscheln um Augen und Nase, versuchte gleichgültig gegenüber der Anwesenheit von Fremden zu erscheinen: Drei Mal ging er ruhig um das Pferd herum und warf sich plötzlich mit wütendem, heiseren Altersgebell von hinten auf den Feldhüter, die übrigen Hunde hielten es nicht mehr aus und sprangen von ihren Plätzen hoch.

– Kusch, verfluchtes Vieh!, schrie der Alte, sich auf einem Ellbogen aufrichtend. – Platzen sollst du, Satansbraten!

Als sich die Hunde beruhigt hatten, nahm der Alte wieder die vorherige Haltung ein und sagte mit ruhiger Stimme:

– In Kovyli, genau am Himmelfahrtstag, ist Jefim Žmenja gestorben. Nicht zur Nacht sei's gesagt*, es ist eine Sünde über solche Leute zu reden, ein widerwärtiger Alter ist das gewesen. Davon habt Ihr doch gehört?

– Nein, hab ich nicht.

– Jefim Žmenja, der Onkel von Stëpka, dem Schmied. Die ganze Gegend kennt ihn. Uh, das war aber auch ein verfluchter Alter! Ich kenn ihn an die sechzig Jahr, seit der Zeit, als sie Zar Alexander, der wo den Franzosen verjagt hat, von Taganrog mit Fuhrwerken nach Moskau gebracht haben.* Wir sind zusammen hin, dem toten Zar die Ehre erweisen, damals ging die Große Poststraße noch nicht nach Bachmut, sondern von Jesaulovka nach Gorodišče, und da, wo heute Kovyli ist, waren lauter Trappennester – auf Schritt und Tritt ein Trappennest. Damals hab ich schon gemerkt, dass Žmenja seine Seele verkauft hat, dass der Teufel in ihm steckt. So merk ich das: wenn einer vom Bauernstand meistenteils schweigt, sich mit Altweiberkram beschäftigt und darauf erpicht ist, allein zu leben, dann ist da wenig Gutes, und Jefimka hat von Jugend auf geschwiegen und geschwiegen und einen scheel angeschaut, immer hat er sich aufgeblasen und aufgeplustert wie der Gockel vor der Henne. Dass er in die Kirche gegangen wär oder mit den andern Burschen rumgezogen oder in die Kneipe, um sich zu amüsieren – das war nicht seine Art, er sitzt lieber allein oder tuschelt mit den alten Weibern. Als junger Kerl hat er sich in der Imkerei oder auf den Gemüsefeldern verdingt. Manchmal kommen gute Leute zu ihm aufs Feld, und seine Wassermelonen und Zuckermelonen pfeifen. Einmal hat er auch, als Leute dabei waren, einen Hecht gefangen und der hat – ho, ho, ho! lauthals gelacht …

– Das kommt vor, sagte Pantelej. Der junge Hirte drehte sich auf die Seite und starrte den Alten mit hochgezogenen Augenbrauen an.

– Du hast gehört, wie die Melonen gepfiffen haben?, fragte er.

– Gehört hab ich's nicht, Gott war mir gnädig, seufzte der Alte – aber die Leute haben's erzählt. Da gibt's nichts zu wundern … Wenn der Leibhaftige will, dann fängt's in einem Stein zu pfeifen an. Vor der Freiheit* war der Uferfelsen bei uns drei Tage und drei Nächte lang am Heulen …

Das hab ich selber gehört. Und der Hecht hat gelacht, weil Žmenja keinen Hecht, sondern einen bösen Geist gefangen hatte.

Dem Alten fiel plötzlich etwas ein. Er erhob sich hastig auf die Knie, wie vor Kälte zusammengekrümmt schob er nervös die Hände in die Ärmel und begann näselnd und nach Weiberart überstürzt zu stammeln:

– Herr, errette uns und erbarm dich unser! Einmal bin ich am Ufer lang nach Novopavlovka gegangen. Ein Gewitter braute sich zusammen und es war ein solcher Sturm, behüt uns Himmelskönigin, Mütterchen ... Ich beeil mich aus Leibeskräften, und wie ich so schaue, da geht auf dem Pfad, zwischen den Schlehensträuchern – die Schlehen waren gerade am Blühen – ein weißer Ochse. Ich denk bei mir: Wem ist denn dieser Ochse? Zu was hat der Teufel den hierher geschickt? Da geht er, schwenkt den Schwanz und mu-u-u! Nur die Sache ist die, Freunde, ich hol ihn ein, geh nah an ihn heran, sieh da! – schon ist das kein Ochs mehr, sondern Žmenja. Gott errette und bewahre mich! Ich schlag das Kreuzzeichen, doch er sieht mich an und murmelt, die Glotzaugen weit aufgerissen. Hab ich einen Schreck bekommen, furchtbar! Wir sind nebeneinanderher gegangen, ich hab Angst, ihm auch nur ein Wort zu sagen – der Donner rollt, der Blitz zerschneidet den Himmel, die Weiden biegt's bis aufs Wasser runter –, auf einmal, Freunde, Gott strafe mich, dass ich ohne Buße sterben muss, läuft ein Hase quer über den Pfad* ... Er läuft, bleibt stehen und sagt wie ein Mensch: »Grüß euch, ihr Bauersleut!«. Scher dich weg, verfluchtes Vieh!, schrie der Alte den zottigen Hund an, der wieder im Kreis um das Pferd herumging. – Verrecken sollst du!

– Das kommt vor, sagte der Feldhüter, immer noch an den Sattel gelehnt und ohne sich zu rühren; er sagte das mit tonloser, dumpfer Stimme, wie Menschen sprechen, wenn sie in Gedanken versunken sind.

– Das kommt vor, wiederholte er tiefsinnig und überzeugt.

– Uh, ein Aas war der Alte!, fuhr der Alte schon nicht mehr so hitzig fort. – Etwa fünf Jahre nach der Freiheit haben sie ihm auf Beschluss der Gemeindeversammlung im Kontor die Rute gegeben, und da hat er, um seine Bosheit zu zeigen, ganz Kovyli die Halskrankheit* angehängt. Gestorben sind die Leute damals ohne Zahl, in rauen Mengen, wie bei der Cholera …

– Und wie hat er ihnen die Krankheit angehängt?, fragte der junge Hirt nach einigem Schweigen.

– Das weiß man wie. Dazu braucht's keinen großen Verstand, man muss es bloß wollen. Žmenja hat die Leute mit Schlangenfett ins Grab gebracht. Das ist ein Mittel, da stirbst du nicht nur an dem Fett, sondern sogar schon vom Geruch.

– Das stimmt, pflichtete Pantelej bei.

– Damals wollten die Burschen ihn umbringen, aber die Alten haben's nicht zugelassen. Man durfte ihn nicht umbringen: er hat ja die Stellen gekannt, wo die Schätze liegen.*

Außer ihm kannte die keine Menschenseele. Die Schätze hier sind verhext, du kannst drüber stolpern und siehst sie doch nicht, aber er, er hat sie gesehen. Manchmal, wenn er durch den Wald oder am Ufer langging, waren unter den Sträuchern und Uferfelsen lauter Flämmchen ... Solche Flämmchen als wie von Schwefel. Ich hab sie selber gesehen. Alle haben drauf gewartet, dass Žmenja den Leuten die Stellen zeigt oder selber gräbt, aber – wie man so sagt, der Hund frisst's selber nicht, lässt aber auch die andern nicht ran – so ist er dann gestorben: selber hat er nicht gegraben, den Leuten aber auch nichts gezeigt.

Der Feldhüter zündete seine Pfeife an und beleuchtete für einen Augenblick seinen großen Schnurrbart und die scharfe, streng und solide wirkende Nase. Kleine Lichtkreise sprangen von seiner Hand zur Schirmmütze, liefen auf dem Sattel über den Pferderücken und verschwanden bei den Ohren in der Mähne.

– In dieser Gegend gibt es viele Schätze, sagte er.

Langsam den Rauch inhalierend, schaute er sich um und ließ seinen Blick auf dem hell werdenden Osten ruhen und fügte hinzu:

– Es muss Schätze geben.

– So ist es, seufzte der Alte. – Sieht ganz danach aus, dass es welche gibt, nur mein Freund, keiner kann sie ausgraben. Keiner kennt die richtigen Stellen, und in der heutigen Zeit sind mit Sicherheit alle Schätze verhext. Um einen zu finden und zu sehen, braucht man einen Talisman, ohne einen Talisman, Junge, kannst du nichts machen. Žmenja hatte Talismane, aber um was konnte man den glatzköpfigen Teufel schon bitten? Er hat sie bei sich behalten, dass keiner drankam.

Der junge Hirte schob sich zwei Schritte näher an den Alten heran und starrte ihn, den Kopf auf die Fäuste gestützt, unverwandt an. Ein kindlicher Ausdruck von Furcht und Neugier hatte in seinen dunklen Augen zu leuchten begonnen und schien in der Dämmerung die großen Züge seines jungen, groben Gesichts auseinanderzuziehen und abzuflachen. Angespannt hörte er zu.

– Es steht auch schriftlich geschrieben, dass es hier viele Schätze gibt, fuhr der Alte fort. – Das ist klar, da gibt's keine zwei Meinungen. Einem alten Soldaten aus Novopavlovka haben sie in Ivanovka ein Papier gezeigt, auf dem Papier stand gedruckt, wo die Stelle ist und sogar wie viel Pud* Gold und in welchem Gefäß; nach diesem Dokument wär' der Schatz schon längst gehoben, bloß ist der Schatz verhext, an den kommt man nicht dran.

– Weshalb kommt man denn nicht an ihn dran, Großvater?, fragte der Junge.

– Einen Grund wird's gegeben haben, aber das hat der Soldat nicht erzählt. Er ist verhext ... man braucht einen Talisman.

Der Alte sprach mit Hingabe, als schütte er sein Herz vor dem Fremden aus. Er näselte, weil er es nicht gewohnt war, viel und schnell zu sprechen, er stotterte, und da er

die Unzulänglichkeit seiner Rede empfand, versuchte er sie
mit Gebärden des Kopfs, der Arme, der mageren Schultern
zu überspielen; bei jeder Bewegung warf sein sackleiner-
nes Hemd Falten, rutschte ihm zu den Schultern hoch und
entblößte den von Sonne und Alter schwarzen Rücken. Er
zog es wieder herunter, doch sofort fing es wieder an zu
rutschen. Schließlich sprang der Alte auf, als habe er die
Geduld mit dem ungehorsamen Hemd verloren, und sagte
voller Bitterkeit:

– Es gibt das Glück, aber was hat es für einen Zweck,
wenn es in der Erde vergraben ist? So gehen die Reichtü-
mer umsonst verloren, ohne jeden Nutzen, wie Spreu oder
Schafsmist! Aber es gibt doch viel Glück, so viel, Junge,
dass es für die ganze Gegend reichen würde, und nicht eine
einzige Seele bekommt es zu sehen! Die Leute werden's
noch erleben, dass die Herrschaften es ausgraben oder der
Staat es wegnimmt! Die Herrschaften haben schon angefangen, die Kurgane* aufzugraben … Die haben was gewittert!
Die neiden dem Bauern das Glück! Der Staat hat es auch
faustdick hinter den Ohren. Im Gesetz steht geschrieben,
wenn ein Bauer einen Schatz findet, dann muss er ihn der
Obrigkeit abliefern. Na, da können sie lange warten! Wer
viel hofft, täuscht sich oft!

Der Alte lachte verächtlich und setzte sich auf die Erde.
Der Feldhüter hatte aufmerksam zugehört und stimmte ihm
zu, doch aus seiner Haltung und seinem Schweigen war
ersichtlich, dass alles, was der Alte ihm erzählt hatte, nicht

neu für ihn war, dass er es schon lange in seinen Gedanken bewegte und weitaus mehr darüber wusste als der Alte.

– Meiner Lebtag hab ich, zugegeben, an die zehn Male das Glück gesucht, sagte der Alte, sich verlegen kratzend. – An den richtigen Stellen hab ich gesucht, bin aber immer auf verhexte Schätze gestoßen. Auch mein Vater hat gesucht, und mein Bruder hat gesucht – einen Dreck haben sie gefunden, und so sind sie ohne Glück gestorben. Meinem Bruder Ilja, Gott hab ihn selig, hat ein Mönch verraten, dass in Taganrog, in der Festung, an einer Stelle unter drei Steinen ein Schatz liegt und dass dieser Schatz verhext ist, und zu der Zeit – das war, ich erinner mich, im achtunddreißiger Jahr – hat in Matvejev Kurgan* so ein Armenier* gelebt, der Talismane verkaufte. Ilja kauft also einen Talisman, nimmt zwei Burschen mit und geht nach Taganrog. Bloß, mein Freund, als er zu der Stelle in der Festung kommt, steht direkt daneben ein Soldat mit Gewehr …

In der stillen Luft, die sich über die Steppe ergoss, flog ein Laut vorüber. Irgendetwas krachte in der Ferne bedrohlich, schlug an einen Stein und lief über die Steppe, ein »Tach! tach! tach!« von sich gebend. Als der Laut verhallte, blickte der Alte den gleichmütigen, regungslos dastehenden Pantelej fragend an.

– Da ist im Bergwerk ein Förderkorb abgestürzt,* sagte der Junge, nachdem er eine Weile nachgedacht hatte.

Es wurde bereits hell. Die Milchstraße verblasste, sie verlor ihre Umrisse und schmolz allmählich dahin wie Schnee.

Der Himmel wurde düster und trübe, man wusste nicht: war er klar oder dicht mit Wolken bedeckt, und nur an dem hellen, glänzenden Streifen im Osten und einzelnen unversehrten Sternen konnte man erkennen, woran man war.

Ein erster leichter Morgenwind lief ohne Geraschel, sacht an den Löwenzahn und die schwarzbraunen Stängel des vorjährigen Steppengrases rührend, den Weg entlang.

Der Feldhüter erwachte aus seinen Gedanken und schüttelte kurz den Kopf. Mit beiden Händen rüttelte er am Sattel, berührte den Gurt und hielt inne, als könne er sich nicht entschließen aufs Pferd zu steigen, und versank wieder in Nachdenken.

– Ja, sagte er, der Ellbogen ist nah, aber reinbeißen kann man nicht ... Es gibt das Glück, aber keinen Verstand, es zu suchen.

Er wandte den Hirten das Gesicht zu. Sein strenges Gesicht war traurig und spöttisch wie bei einem enttäuschten Menschen.

– Ja, so stirbt man, ohne das Glück gesehen zu haben, ohne zu wissen, was es wirklich ist ..., sagte er bedächtig und hob das linke Bein zum Steigbügel. – Wer jünger ist, wird es vielleicht noch erleben, aber für uns ist es höchste Zeit, auch nur den Gedanken daran aufzugeben.

Er strich sich über den langen, mit Tau bedeckten Schnurrbart, setzte sich schwerfällig aufs Pferd und schaute mit zugekniffenen Augen in die Ferne, als habe er etwas vergessen oder nicht ausgesprochen. In der bläulichen Ferne, wo der letzte sichtbare Hügel im Nebel verschwamm, rührte sich nichts: die Grenzhügel und die Hügelgräber*, die sich hier und da über dem Horizont und der grenzenlosen Steppe erhoben, blickten finster und stumm; in ihrer Reglosigkeit und ihrem Schweigen waren Jahrhunderte und eine vollkommene Gleichgültigkeit gegenüber dem Menschen zu spüren; weitere tausend Jahre werden vergehen, Milliarden Menschen sterben, doch sie werden immer noch dastehen, wie sie gestanden haben, ohne das geringste Mitleid mit den Toten, ohne sich für die Lebenden zu interessieren, und keine Menschenseele wird wissen, weshalb sie da stehen und welches Steppengeheimnis unter ihnen verborgen liegt.

Die Saatkrähen waren erwacht und flogen schweigend und jede für sich allein über die Erde. Weder im trägen Flug dieser langlebigen Vögel noch im Morgen, der sich akkurat alle vierundzwanzig Stunden wiederholte, noch in der Grenzenlosigkeit der Steppe – in nichts war irgendein Sinn zu sehen. Der Feldhüter lächelte ironisch und sagte:

– Was für eine Weite, Herr erbarme dich! Da versuch mal einer das Glück zu finden! Hier, fuhr er mit gesenkter Stimme fort und machte wieder ein ernstes Gesicht, hier sind mit Sicherheit zwei Schätze vergraben. Die Herrschaften ahnen nichts davon, aber die alten Bauern, besonders die Soldaten, wissen genauestens darüber Bescheid. Hier, irgendwo auf diesem Höhenzug (der Feldhüter wies mit der Peitsche in die Richtung), haben vor langer, langer Zeit Räuber eine Karawane mit Gold überfallen; sie brachte Gold aus Peters-

burg für Zar Peter, der damals in Voronež die Flotte baute.* Die Räuber erschlugen die Fuhrleute, das Gold haben
sie vergraben, aber dann nicht mehr wiedergefunden. Den
anderen Schatz haben unsere Donkosaken vergraben. Im
zwölfer Jahr haben sie dem Franzosen die gesamte Habe,
Silber und Gold in rauen Mengen geraubt. Als sie zu sich
nach Hause zurückkehrten, hörten sie unterwegs, die Obrigkeit wolle ihnen das ganze Gold und Silber wegnehmen.
Anstatt es der Obrigkeit einfach so zu überlassen, haben
die verwegenen Kerle es kurzerhand vergraben, damit es
wenigstens ihren Kindern zugutekäme, aber wo sie es vergraben haben – das ist nicht bekannt.

– Von den Schätzen hab ich gehört, murmelte der Alte
verdrossen.

– Ja – Pantelej versank wieder in Gedanken. – So ist das …
Schweigen trat ein. Der Feldhüter blickte sinnend in die
Ferne, lächelte spöttisch und ergriff die Zügel, immer noch
mit einem Gesichtsausdruck, als habe er etwas vergessen
oder nicht ausgesprochen. Das Pferd setzte sich widerwillig
in Bewegung. Nachdem er etwa hundert Schritte geritten
war, schüttelte Pantelej entschlossen den Kopf, erwachte aus
seinen Gedanken und trabte, dem Pferd einen Peitschenhieb
versetzend, davon.

Die Hirten blieben allein zurück.

– Das war der Pantelej vom Makarov'schen Gut, sagte
der Alte. – Hundertfünfzig bekommt der im Jahr, bei freier
Kost. Ein gebildeter Mensch …

Die erwachten Schafe – es waren um die drei Tausend – machten sich aus Langeweile lustlos an das niedrige, halb zertrampelte Gras. Die Sonne war noch nicht aufgegangen, doch alle Kurgane und die ferne, einer Wolke ähnliche Saur-Mogila* mit ihrem spitz zulaufenden Gipfel waren schon zu sehen. Wenn man auf diese Mogila steigt, sieht man von dort eine Ebene, die genauso gleichförmig und grenzenlos ist wie der Himmel, es sind die herrschaftlichen Landgüter zu sehen, die Meierhöfe der Deutschen* und der Molokanen*, die Dörfer, und ein scharfäugiger Kalmücke* wird sogar die Stadt und die Eisenbahnzüge erblicken. Nur von hier aus sieht man, dass es auf dieser Erde außer der schweigsamen Steppe und den jahrhundertealten Kurganen ein anderes Leben gibt, das sich nicht um vergrabenes Glück und Schafsgedanken schert.

Der Alte tastete nach seiner »Gerlyga«, dem langen Stab mit dem Haken am oberen Ende,* und stand auf. Er schwieg und dachte nach. Vom Gesicht des Jungen war der kindliche Ausdruck von Furcht und Neugier noch nicht gewichen. Er stand unter dem Eindruck des Gehörten und wartete ungeduldig auf neue Geschichten.

– Großvater, fragte er, indem er sich erhob und nach seiner Gerlyga griff, was hat denn dein Bruder Ilja mit dem Soldaten gemacht?

Der Alte hörte die Frage nicht. Er blickte den Jungen zerstreut an und antwortete, zahnlos mümmelnd:

– Ich denke immerzu an das Papier, Sanka, das sie dem

Soldaten in Ivanovka gezeigt haben. Ich hab's Pantelej nicht gesagt, der soll sehen, wo er bleibt, aber auf dem Papier ist die Stelle so beschrieben, dass sogar ein Weib sie findet. Weißt du wo? In der Bogataja Baločka*, wo sich die Schlucht wie ein Gänsefuß in drei kleine Schluchten teilt, und da in der mittleren.

– Und, wirst du graben? – Ich versuch mein Glück ...

– Großvater, und was wirst du mit dem Schatz machen, wenn du ihn gefunden hast?

– Ich? – Der Alte verzog sein Gesicht zu einem Lächeln. – Hm! ... Ich muss ihn nur erst finden, dann zeig ich allen, wo der Frosch die Locken hat ... Hm! ... Ich weiß schon, was ich mache ...

Der Alte war nicht imstande zu beantworten, was er mit dem Schatz machen würde, wenn er ihn fände. Die Frage stellte sich ihm an diesem Morgen vermutlich zum ersten Mal in seinem ganzen Leben, und sie erschien ihm, nach seinem geistesabwesenden und gleichgültigen Gesichtsausdruck zu urteilen, unwichtig und nicht des Nachdenkens wert. In Sankas Kopf regte sich weiteres Befremden: Warum suchten nur die Alten nach Schätzen, und wozu wurde irdisches Glück Menschen zuteil, die jeden Tag an Altersschwäche sterben konnten? Doch Sanka vermochte seine Frage nicht in Worte zu fassen, und der Alte hätte ihm wohl kaum zu antworten gewusst.

Umgeben von einem leichten Nebelschleier zeigte sich die riesige purpurrote Sonne. Breite, noch kalte Streifen von

Licht badeten im taunassen Gras, dehnten und streckten sich und legten sich fröhlich auf die Erde, als versuchten sie zu zeigen, dass sie dessen nicht überdrüssig waren. Der silbrige Wermut, die blauen Blüten des wilden Lauchs, der gelbe Raps, die Kornblumen – voller Freude begann alles bunt zu schimmern und das Sonnenlicht für sein eigenes Lächeln zu halten.

Der Alte und Sanka trennten sich und stellten sich an den Seiten der Herde auf. Beide standen wie Pfähle da, ohne sich zu regen, sie schauten auf die Erde und dachten nach. Den Ersten ließen die Gedanken an das Glück nicht los, der Zweite dachte darüber nach, was in der Nacht gesprochen worden war; ihn interessierte nicht das Glück selbst, das er nicht brauchte und das ihm unbegreiflich war, sondern das Fantastische und Märchenhafte am menschlichen Glück.

Eine Hundertschaft Schafe fuhr plötzlich zusammen und machte in unbegreiflichem Schrecken wie auf ein Signal hin einen Satz zur Seite. Als hätten sich ihm für einen Augenblick die schleppenden, zähen Gedanken der Schafe mitgeteilt, machte auch Sanka in ebenso unbegreiflichem animalischen Schrecken einen Satz zur Seite, kam aber gleich wieder zur Besinnung und schrie:

– Ruhe, ihr blöden Viecher! Ihr seid wohl übergeschnappt, krepieren sollt ihr!

Und als die Sonne, eine lange unbezwingbare Hitze verheißend, auf die Erde zu brennen begann, versank alles Lebendige, das sich nachts geregt und Laute von sich gegeben hatte, in Halbschlaf. Der Alte und Sanka standen mit ihren Hirtenstäben an entgegengesetzten Seiten der Herde, sie standen, ohne sich zu rühren, wie Fakire im Gebet, und dachten konzentriert nach. Sie nahmen einander nicht mehr wahr, und jeder von ihnen lebte sein eigenes Leben. Auch die Schafe dachten nach ...

Brief vom 19. Mai 1885

Maksimovka – hier war Levitan in der Sommerfrische, später
zog er nach Babkino um.
Marja Vladimirovna – Kiselëva, geborene Begičeva (1859–1921),
Schriftstellerin, Ehefrau von Aleksej Sergejevič Kiselëv, Besitzer
des Landguts Babkino.
Haben Sie die Waldschnepfe bekommen? – Levitan war ein leidenschaftlicher Jäger. In Russland war es üblich, Freunde mit
erlegtem Wild zu beschenken.

Brief vom 23. Juni 1885

Doktor Korolevič (nicht Bova) – Anspielung auf einen Recken
namens Bova Korolevič in russischen, ukrainischen und weißrus-
sischen Sagen und Märchen.
Babkino – das Landgut der Familie Kiselëv lag ca. 40 Kilometer
nordwestlich von Moskau. Ab 1895 verbrachte Čechovs Familie
hier die Sommermonate.

Brief vom Juli 1885

Teil eines Briefes an die Brüder Nikolaj,
Anton und Michail Čechov.

Korobov – Nikolaj Ivanovič (1860–1919), Arzt und Kommilitone
Čechovs.
Ivan Gavrilov – Jäger in Babkino.

Marja Pavlovna – auch Maša genannt. Anton Čechov hatte vier Brüder und eine Schwester. Marja Pavlovna malte. Levitan unterstützte sie darin und erkundigte sich in seinen Briefen an Čechov oft nach ihren Fortschritten.

Brief vom 24. März 1886

Levitans Studienreise auf die Krim, von Čechov brieflich erwähnt am 28. Juli 1886.

Jalta – Stadt und bekanntes Seebad auf der Krim.
Šechtel – Franc Osipovič (1859–1926), einer der großen Jugendstilarchitekten, Kommilitone Levitans, befreundet mit Čechovs Familie.

Brief vom 29. April 1886

Alupka – Stadt auf der Krim.
Grigorovič – Dmitrij Vasiljevič Grigorovič (1822–1899), »einer der großen alten Männer der russischen Literatur«, hatte Čechov im März 1886 in einem Brief »echtes Talent« bestätigt und ihn aufgefordert, sich endlich auf einen großen Roman zu konzentrieren. Levitan greift die Forderung nach dem »großen Werk« spielerisch auf: »Überhaupt, Sie sind so ein begabtes Krokodil und schreiben nur solchen Kleinkram!«

aus Paris – Levitans erste Reise in den Westen. Am 7. März 1890 in Paris, beeindruckten ihn vor allem die Maler der Schule von Barbizon. Weiterreise nach Florenz und Venedig.

Puvis de Chavannes – Pierrre Cécil (1824–1898), französischer modernistischer Maler. Sergej Djagilev zeigte ihn in der ersten Ausstellung der Mir iskusstva (Welt der Kunst) 1899 im St. Petersburger Stieglitz Museum.

Sarah Bernhardt — über das Gastspiel der Schauspielerin in Moskau und St. Petersburg hatte Čechov 1881 mehrere Humoresken geschrieben.

Brief vom 29. Mai 1891

Zatišje – Gouv. Tver, auf dem Landgut von Nikolaj Pavlovič Panafidin lebte Levitan im Sommer 1891.

Lika — Lidija Stachijevna Mizinova (1870–1937), Freundin von Marja Pavlovna, Anton Čechov und Levitan. Er schenkte ihr 1891 sein Bild *Herbst*.

Sofja Petrovna – Kuvšinnikova (1847–1907), Malerin und Geliebte Levitans, Ehefrau des sehr viel älteren Polizeiarztes Dmitrij Pavlovič Kuvšinnikov. Čechovs Schwester schrieb an ihren Bruder: »Du kannst Dir nicht vorstellen, was mit Sofja Petrovna geschieht. Verwöhnt von ihrem guten, großherzigen Ehemann und sorgenfreien, soliden Lebensbedingungen, wo sich ihr alles unterordnet, legt sie sich selbst Zügel an und erträgt geduldig Levitans Trübsal, Reizbarkeit und Schroffheit, nur um seiner rastlosen, aufgewühlten Seele das Gefühl von Frieden und Sicherheit einzuflößen … Das böswillige Geschwätz der Leute kümmert sie wenig.«

Družok und der jungfräulichen Vesta – Družok ist ein in Russland verbreiteter Name für Hunde; Vesta – Levitans Hündin, deren »jungfräuliche« Ehre er im Scherz gegenüber Čechov verteidigte.

Bogimovo – Gouv. Kaluga, nahe der Oka, wo Čechov und seine Familie 1891 auf dem Gut von Jevgenij D. Bylim-Kolosovskij den Sommer verbrachten.

Kiselëv – Aleksandr Aleksandrovič Kiselëv (1838–1911), Landschaftsmaler, den Čechov im Sommer 1891 in Bogimovo kennenlernte.

Brief vom Juni 1891

Marja Pavlovnas Erkrankung — Čechovs Schwester Marja hatte Typhus-Symptome gezeigt.

den Mungo – Čechov machte auf der Rückreise von der Insel Sachalin auf Ceylon Station. Von dort brachte er zwei Mungos (kleine Raubtiere aus der Familie der Mangusten) mit. Am 10. 12. 1890 an Ivan L. Leontjev-Ščeglov: »Ach mein Engel, wenn Sie wüssten, was für liebe Tierchen ich aus Indien mitgebracht habe! Es sind zwei Mungos von der Größe eines Kätzchens mittleren Alters.« Ein Mungo war gestorben, der andere wurde in einem Steinbruch auf der anderen Seite des Flusses Oka wiedergefunden.

Deine Bunten Erzählungen und *In der Dämmerung* – die ersten Buchausgaben mit Erzählungen von Anton Čechov, die er unter seinem richtigen Namen veröffentlichte. Die *Bunten Erzählungen* erschienen 1886, der Band *In der Dämmerung* 1887. 1888 verlieh die Kaiserliche Akademie der Künste Čechov für den Erzählband *In der Dämmerung* den mit 500 Rubeln dotierten Puškin-Preis.

Puškin-Gedicht – Levitan führt den Text des Gedichts *Erinnerung* (1828) von Aleksandr Sergejevič Puškin vollständig an, möglicherweise im Zusammenhang mit seiner Arbeit an dem Bild *Tiefe Wasser* (1892), das den Mühlenteich auf dem Landgut Bernovo von Praskovja A. Osipova zeigt. Sie erzählte Levitan, dass der Mühlenteich Puškin, der wiederholt in Bernovo zu Gast war, zu seinem Versdrama *Rusalka* inspiriert habe. (dt. *Die Nixe*) Puškins Werk diente als Vorlage für das Libretto der Oper *Rusalka* von Aleksandr Dargomyšskij. (Deutsche Übertragung des Gedichts *Erinnerung* von Peter Urban).

Brief vom 3. Januar 1895

1895 – Nach dem Bruch Levitans mit Čechov 1892 wegen der Erzählung *Flattergeist* kam es 1895 zur Versöhnung.

Melichovo – Im Februar 1892 kaufte Čechov das Landhaus in Melichovo, Kreis Lopasnaja, ca. 80 km südl. von Moskau, und zog Anfang März mit Eltern und Geschwistern dort ein. »Ich bin dabei, ein Gut zu kaufen (dem Himmel sei's geklagt), und verbringe ganze Tage in Notariats-, Bank-, Versicherungs- und andren parasitären Institutionen jeder Art ...«. Im Sommer 1899 verkaufte er Melichovo und zog am 25. August auf Anraten seiner Ärzte nach Jalta.

Brief vom 4. Mai 1895

Gorka – Landgut der Gutsbesitzerin Anna Nikolajevna Turčaninova, Gouv. Tver, Kreis Vyšnevolock, am See Ostrovnoje.

Doktor Lev Zacharovič Berčanskij – Schwager Levitans; erhalten ist seine 1899 veröffentlichte Komödie *Die Falle*.

1895 – tiefe Krise und Selbstmordversuch Levitans im Zusammenhang mit seiner Beziehung zu Anna N. Turčaninova, Čechovs Besuch auf dem Landgut Gorka am 5.7.1895.
Nikolaj-Eisenbahn – die zu Ehren von Zar Nikolaj I. Mitte des 19. Jahrhunderts gebaute Eisenbahnstrecke St. Petersburg–Moskau.

Brief vom 27. Juli 1895

Maeterlinck – Maurice Maeterlinck (1862–1949), belg. Schriftsteller, Dramatiker. Čechov schätzte Maeterlinck sehr und versuchte mehrfach, Theaterleute zu überreden, dessen Stücke zu inszenieren. Stanislavskij folgte Čechovs Rat und brachte 1908 Maeterlincks *Blauen Vogel* zur Aufführung.

Brief vom 9. August [1895]

in Luft aufgelöst – Čechov fuhr 1895 kein zweites Mal nach Gorka.
Varja – Varvara Ivanovna, älteste Tochter von A. N. Turčaninova, die sich ebenfalls in Levitan verliebt hatte.

Brief vom 14. Oktober[?] 1895

Soldatënkov – Kozma Terentjevič Soldatënkov (1818–1901), Unternehmer, Textilfabrikant, Verleger, Kunstsammler und Mäzen.
S. Morozov – Sergej Timofejevič Morozov (1860–1944), Unternehmer, wird 1889 Levitans Mäzen und finanziert ihm Atelier und Wohnung in Moskau. Nachdem die Ärzte Čechov geraten

hatten, den Winter in Südfrankreich zu verbringen, veranlasst
Levitan Morozov in bester Absicht, Čechov 2000 Rubel zu schicken. Čechov war das unangenehm, und er gab das Geld Ende
des Jahres zurück, was zur Verstimmung zwischen den Freunden
führte (siehe auch Brief vom 21. September 1897 und 17. Oktober
1897).

Brief vom 3./15. Juli 1896

Serdobol – russischer Name der finnisch-karelischen Stadt Sor-
tavala, die heute in der zur Russischen Föderation gehörenden
Karelischen Republik liegt.
Fremdland – russ. *Čuchljandija*, pejorativ, analog gebildet zu
russ. *Finljandija*, Anspielung auf die russ. Bezeichnung *čuchoncy*
für die finnisch-estnische Bevölkerung des Baltikums.
meinen Afanisij – Levitans Diener.
der Fluch Ahasvers – Nach mittelalterlichen christlichen Legenden wurde ein Mann, der Christus auf dem Kreuzweg schmähte,
zur ewigen Wanderschaft über die Erde verdammt. Im frühen
17. Jahrhundert schrieb man der Legendengestalt eine explizit
jüdische Identität sowie den Namen Ahasver zu. Seither wird –
oft in antisemitischem Kontext – der Mythos des Ewigen (des
Wandernden) Juden mit dem Namen Ahasver gleichgesetzt. Ironisch bezieht Levitan hier den Fluch Ahasvers auf sich, da er
nirgendwo Ruhe und Frieden finden konnte.
nach Valaam zu den Mönchen – Insel im nördlichen Teil des
Ladogasees, die wegen ihrer landschaftlichen Schönheit viele
Maler anzog; berühmt wurde die Insel auch durch das hier seit
dem 15. Jahrhunderts befindliche orthodoxe Männerkloster.

Ostroumov – Aleksej Aleksandrovič (1844–1908), Mediziner, Professor an der Moskauer Universität. Offenbar untersuchte er Levitan. Čechovs Tagebuchnotiz vom 15. Februar 1897: »Abends bei Prof. Ostroumov; sagt, Levitan müsse ›unweigerlich sterben‹. Ist selbst krank und hat offenbar Angst.« Ostroumov diagnostizierte bei Levitan ein schweres Herzleiden durch Aortenaneurysma.

Dein Schmul – im Original unleserlich; ironische Verwendung des jiddischen Namens für Samuel, oft auch pejorativ in der Bedeutung Jude verwendet.

Brief vom 2. März 1897

Pavel Michajlovič Tretjakov – (1832–1898), Unternehmer, Mäzen, Sammler russischer Kunst und Gründer der Tretjakov-Galerie in Moskau. Tretjakov erwarb etliche Bilder von Isaak Levitan.

Piter – liebevoll-umgangssprachlich für St. Petersburg.

Braz – Iosif Emmanuilovič Braz (1873–1936), Maler. 1897 hatte Pavel Tretjakov ein Porträt bei Braz in Auftrag gegeben, ohne Čechov zu informieren. Čechov kannte den Maler nicht und versuchte bei F. O. Šechtel etwas über Braz zu erfahren: »Kennst Du ihn oder kannst Du von jemandem erfahren, wo er lebt, was sein Vor- und Vatersname ist usw.?«
Am 5. Juli kam der Maler Braz für 17 Tage nach Melichovo und verwandelte Marja Pavlovnas Zimmer in ein Atelier. Čechov sagte später über das Porträt, er sehe darauf aus, als habe er gerade an Meerrettich gerochen.

den ersten Preis für Porträts – 1896 erhielt Iosif Braz den Preis der Moskauer Gesellschaft der Liebhaber der Künste und das

Diplom der Petersburger Akademie der Künste, nicht, wie üblich,
für ein einzelnes Wettbewerbsbild, sondern für eine ganze Serie
von Porträts.

Brief vom 12. April 1897

Levitan ist schwerkrank in Nervi, hat Heimweh und schreibt an
seinen alten Studienfreund Nikolaj Kasatkin: »Warum schicken
sie Russen hierher, die, wie ich zum Beispiel, ihr Land so sehr
lieben, seine Natur?«

Brief vom 5. Mai 1897

Kumys-Kuren – Kumys, vergorene Stutenmilch, seit Mitte des
19. Jahrhunderts in Russland kurmäßig bei Tuberkulose, Skorbut,
Gastritis, Neurasthenie und Erkrankungen der Bauchspeichel-
drüse angewendet. Auch Anton Čechov unterzog sich wegen
seiner Tuberkulose einer Kumys-Kur.

Brief vom 29. Mai 1897

Aufzeichnungen von Katharina II. – Vermutlich las Levitan die
Aufzeichnungen von Katharina II. (1729–1796) in einer Ausgabe,
die unter dem Titel *Erinnerungen der Kaiserin Katharina II.* 1859
von Aleksandr Gercen (Alexander Herzen) in deutscher, französischer und schwedischer Sprache in London publiziert worden
waren. 1912 erschienen die Aufzeichnungen Katharinas II. in
Russland, im Verlag von Čechovs einstigem Verleger Suvorin.
Bourgets *Recommencements* – unter dem Titel *Recommencements* 1897 bei Lemerre in Paris erschienene Sammlung von zehn
Novellen des frz. Schriftstellers Paul Bourget (1852–1935).

Paul Margueritte – gemeinsam mit seinem Bruder Victor schrieb der frz. Schriftsteller Paul Margueritte (1860–1918) einen Roman über die Pariser Kommune.

kein Blut mehr – Čechov hatte Levitan offenbar in einem Brief von seinem eigenen bedrohlichen Gesundheitszustand berichtet. Bei einem Abendessen mit seinem Verleger Suvorin am 22. März hatte er einen heftigen Blutsturz erlitten und konnte seine fortgeschrittene Tuberkulose nicht mehr verbergen.

Brief vom 9. Juni 1897

bei Morozov in der Moskauer Umgebung – Am 17. Juni besuchte Čechov Levitan in Uspenskoe auf dem Anwesen von Sergej Morozov, reiste aber nach zwei Tagen wieder ab, weil es ihm dort nicht behagte. An Suvorin am 21.6.1897: »Vor ein paar Tagen war ich auf dem Gut des Millionärs Morozov; ein Haus wie der Vatikan, Lakaien in weißen Pikeewesten mit goldenen Knöpfen auf den Bäuchen, geschmacklose Möbel, Weine von Leve, der Hausherr ohne jeden Gesichtsausdruck – da bin ich geflohen.«

Brief vom Juli 1897

Uspenskoe – Landsitz des Unternehmers und Mäzens Sergej Morozov.

Einweihung der Schule – Die Einweihung fand am 13. Juli statt, dazu Čechovs Tagebuchnotiz: »Einweihung der Schule von Novosëlki, die ich gebaut habe. Die Bauern überreichten mir eine Ikone mit Inschrift. Das Zemstvo war abwesend.« Später finanzierte und baute Čechov weitere Schulen.

Ežov – Nikolaj Michajlovič Ežov (1862–1942), Schriftsteller, Humorist, trat mit kleinen humorvollen Texten in die Fußspuren

Čechovs, der ihn förderte. Das hinderte Ežov allerdings nicht, unfreundliche Erinnerungen an Čechov zu veröffentlichen (Istoričeskij vestnik, Nr. 8, 1909). Der Text löste einen Skandal aus. In seiner Rechtfertigung, an den Chefredakteur der Zeitschrift gerichtet, nannte Ežov Čechov einen »mittelmäßigen Schriftsteller«.

Michejev – Vasilij Michajlovič Michejev (1859–1908), Schriftsteller, Dichter, Dramatiker, Redakteur, dessen Leibesfülle ihm Karikaturen und spöttische Erwähnungen eintrug. Čechov am 7. Mai 1897 an die Schriftstellerin und Schauspielerin Jelena Michajlovna Šavrova-Just: »Schicken Sie Ihr Manuskript, und sei es auch dicker als der Schriftsteller Michejev ...«

Brief vom 12. August 1897

Schule für Malerei – Moskauer Hochschule für Malerei, Bildhauerei und Architektur, an der Levitan ab 1873 studiert hatte.

Brief vom 17. Oktober 1897

Psychopathin Kundasicha – Verballhornung des Namens von Olga Petrovna Kundasova (1865–1943), Mathematikerin, die ab 1894 oft in Melichovo zu Gast war.

Russkie Vedomosti – (dt. Russische Mitteilungen) Tageszeitung, die von 1863 bis 1918 in Moskau erschien.

Maler Savrasov – Aleksej Kondratjevič Savrasov (1830–1897), Professor für Landschaftsmalerei an der Moskauer Hochschule für Malerei, Bildhauerei und Architektur. Am 26. September 1897 starb Savrasov verarmt und vergessen im Moskauer Städt. Krankenhaus. Levitan, sein berühmtester Student, schrieb einen Nachruf. (Russkie vedomosti, 4.10.1897).

Der Ruhm des Militiades – Ausspruch des Themistokles, Teilnehmer der Schlacht bei Marathon 490 v. Chr., deren siegreicher
Ausgang dem Feldherren Militiades zugeschrieben wird: »Der
Ruhm des Militiades lässt mich nicht schlafen.« Der Ausspruch
gehört zu den geflügelten Worten im Deutschen wie im Russischen.

Brief vom 26. Jan. 1898

an Herzwürmern leiden – durch Mückenstiche übertragene
Krankheit bei Katzen und Hunden (Wurmbefall in Herz und/
oder Lunge). Übertragungen auf den Menschen sind möglich.
Tolstojs Essay über die Kunst – *Was ist Kunst?* von 1898. Der
Text war heftig umstritten, weil Tolstoj unter der Prämisse seiner
persönlichen christlichen Morallehre den Stab über die gesamte
europäische Moderne brach. Čechov an Suvorin am 4. Januar
1898: »Das ist alles alt. Über die Kunst zu sagen, sie sei alters-
schwach geworden, in eine Sackgasse geraten, sei nicht, was sie
sein sollte usw. usf., das ist dasselbe, wie wenn man sagen wollte,
der Wunsch zu essen und zu trinken sei veraltet, habe sich über-
lebt und sei nicht das, was nottue.«

Brief vom 23. Juni 1898

Podsolnečnoe – In der Nähe der Bahnstation Podsolnečnoe, auf
dem Landgut Bogorodskoe der Familie Olenin im Gouvernement
Moskau, das am See Senež liegt, malte Levitan sein Bild *See.
Frühling,* das als Vorarbeit zu seinem letzten großen, unvollendet
gebliebenen Bild *See* (1899–1900) gilt.

Werst – versta, altes russ. Längenmaß, entspricht 1,06 Kilometern.
das Mitglied der Akademie – russ. akademik. Die Petersburger
Akademie der Künste wählte Levitan im Frühjahr 1898 mit 29
zu 46 Stimmen zu ihrem Mitglied.

Brief vom 1. August [1898]

Bogorodskoe – siehe Anmerkung zum Brief vom 23. Juni 1898
Nesterov – Michail Vasiljevič Nesterov(1862–1942), Maler, Mitglied der Genossenschaft für Wanderausstellungen, 1941 Stalin-
preis.
Wanderausstellung – 1870 gründete sich die erste unabhängige
Künstlervereinigung Russlands, die Genossenschaft für künstlerische Wanderausstellungen – Peredvižniki (Wanderer) genannt –, der auch Levitan ab 1891 angehörte. Die Genossenschaft
organisierte 48 Ausstellungen, die letzte 1923.

Brief vom 19. August 1898

In der Geschichte zwischen Braz und Tretjakov – Tretjakov war
unzufrieden mit dem Porträt, und Braz musste nachbessern. Am
Ende war noch ein Resthonorar von 400 Rubeln offen. Braz, der
das Geld dringend brauchte, bat Levitan, sich bei Tretjakov für
ihn einzusetzen.

Brief vom 27. November 1898

Krim, An Čechov – Die Ärzte hatten Čechov geraten, wegen
seiner Tuberkulose in den Süden umzuziehen. 1898/1899 ließ er

von einem örtlichen Architekten ein Haus in Jalta auf der Krim bauen. Im Herbst 1899 zog er mit Mutter und Schwester dorthin.

die Schule – die Moskauer Hochschule für Malerei, Bildhauerei und Architektur, an der Levitan seit 1898 die Klasse für Landschaftsmalerei leitete.

Illustrationen zu Puškin – Der erste Band der Jubiläumsausgabe zum 100. Geburtstag des Dichters 1899 erschien mit Levitans Illustrationen zu Puškins Gedichten.

Stanislavskij – Konstantin Sergejevič Stanislavskij, eigtl. Aleksejev (1863–1938), Schauspieler, Regisseur, Mitbegründer und einer der Direktoren des Moskauer Künstlertheaters. Regisseur aller zu Lebzeiten Čechovs am Künstlertheater gespielten Stücke des Autors.

Sredin – Leonid Valentinovič Sredin (1860–1909), Arzt, lebte krankheitsbedingt in Jalta. Sein Bruder Aleksandr Valentinovič war Maler.

Brief vom 12. Dezember 1898

selbst ein paar Zeilen schreiben – Um sein Haus auf Jalta zu finanzieren, stimmte Čechov zu, Geld von Sergej Morozov zu leihen. Aber diesmal war Levitan nicht bereit, den Wunsch zu vermitteln. Das führte zu einer erneuten Verstimmung zwischen den beiden Freunden. Čechov an seine Schwester am 17.12.98: »[...] heute schreibt mir Levitan, ich solle mich selbst an Morozov wenden ... eine peinliche Geschichte. Sag Levitan nichts. Geld werde ich natürlich weder von ihm noch von Morozov nehmen, und ich hoffe nur, dass er mir keine weiteren Freundschaftsdienste anbietet.«

Die Möwe – Čechov schrieb das Stück 1895. Die Uraufführung
am 17. Oktober 1896 im Petersburger Aleksandra-Theater war
ein Misserfolg. Erst ab Dezember 1898 wurde die überarbeitete
Fassung der *Möwe* in den Aufführungen des Moskauer Künstlertheaters zum Erfolg.

Korš – Fëdor Adamovič Korš (1852–1925), Dramatiker, Übersetzer, gründete 1882 in Moskau das Theater F. A. Korš, das er bis
1917 leitete. An seinem Theater fand 1887 die Uraufführung des
Ivanov statt.

Omon – (möglicherweise frz. Aumont, Herkunft und Lebensda-
ten unbekannt), Charles, Begründer des russischen Filmverleihs.
Sein Theater Omon spielte Boulevardstücke, es gibt Hinweise,
dass er ein als Theater getarntes Bordell führte (in dem die
Schauspielerinnen nach der Vorstellung im angeschlossenen Re-
staurant den Gästen zur Verfügung stehen mussten).

Trigorin – Boris Akeksejevič Trigorin, Schriftsteller in der *Möwe*.
Levitan bezieht sich hier vermutlich auf Trigorins Monolog im
II. Akt: »Tag und Nacht beherrscht mich der eine unwiderste-
liche Gedanke: ich muss schreiben, ich muss schreiben, ich
muss …«

Hast Du Morozov geschrieben? – siehe Anmerkung zum Brief
vom 12. Dezember 1898.

Madame Nemirovič – Ekaterina Nikolajevna (1858–1936), geb.
Baronesse Korf, Ehefrau von Vladimir Nemirovič-Dančenko
(1858–1943), Schriftsteller, Regisseur, Mitbegründer und neben
Stanislavskij Mitbegründer und Direktor des Moskauer Künstlertheaters.

Lenskij – Aleksandr Pavlovič Lenskij (1847–1908), Schauspieler.
Lenskij hatte sich wie Levitan in der Erzählung *Flattergeist* pa-
rodiert gefühlt und 1892 jeden Kontakt zu Čechov abgebrochen.

Außerdem hatte Lenskij Čechov im November 1889 geraten, keine Theaterstücke mehr zu schreiben.

Brief vom 24. Dezember 1899

Bajdary – Ortschaft im Süden der Krim. Levitan stattete Čechov im Dezember 1899 einen Besuch in Jalta ab. Bei dieser Gelegenheit malte er auf Karton eine Variante seines berühmten Bildes *Dämmerung*. *Heuschober* für eine Nische an Čechovs Kamin.

Brief vom 11. Januar 1900

Aj-Todor – Landzunge im Süden der Krim.
des sehr interessanten Fürsten Liven – unklar, um welches Mitglied des ursprünglich baltischen Adelsgeschlechts Liven (dt. von Lieven) es sich gehandelt hat.

Brief vom 7. Februar 1900

Herr Ehrenmitglied der Akademie – Am 8. Februar 1900 wird Anton Čechov mit einigen anderen Schriftstellern, darunter Lev Tolstoj, zum Ehrenmitglied der Kaiserlichen Akademie der Wissenschaften, Sektion Schöngeistige Literatur, gewählt. Die Nachricht erhält er am 16. Januar in Jalta. In einem Brief vom 8. 1. an seinen früheren Verleger Suvorin mokiert er sich darüber, dass Belletristen nur Ehrenmitglieder, nicht aber wirkliche Mitglieder der Akademie werden können.
der Wahl Michajlovskijs – Nikolaj Konstantinovič Michajlovskij (1842–1904), Literaturkritiker, Publizist, Ideologe der liberalen Narodniki (Volkstümler). Čechov hatte erfolglos versucht, seine Wahl in die Akademie zu unterstützen.

die Behandlung der Tuberkulose – Seit Robert Koch 1882 den
Erreger der Tuberkulose entdeckt hatte, verfolgte der an Tuber-
kulose leidende Čechov die einschlägigen Nachrichten aus
Deutschland.

Pasternak – Leonid Osipovič Pasternak (1862–1945), Maler,
Grafiker, bekannt für seine Genreszenen und Buchillustrationen,
Vater des Dichters und Schriftstellers Boris Pasternak.

Wrubel – Michail Aleksandrovič Wrubel(1856–1910), Maler,
Grafiker, Bildhauer, Vertreter einer neoromantischen Richtung.
Die Themen seines mystisch-symbolistischen Werks speisen sich
aus Mythologie, Legenden und Volksmärchen.

Andrejeva – Marija Fëdorovna Andrejeva (1868–1953), Künst-
lername der Schauspielerin Marija Fëdorovna Jurkovskaja.

Käthe in den Einsamen – Käthe Vockerat in *Einsame Menschen*
von Gerhart Hauptmann. Das Stück hatte am 16. Dezember 1899
am Moskauer Künstlertheater in der Regie von Konstantin Stanislavskij und Vladimir Nemirovič-Dančenko Premiere.

frag ihn nach dem Vasiljev-Bild – vermutlich ein Bild des russischen Landschaftsmalers Fëdor Aleksandrovič Vasiljev (1850–
1873).

Trojanovskij – Osip Ivanovič (1867–?), Maler, Mitglied der Genossenschaft für künstlerische Wanderausstellungen und der
Moskauer Gesellschaft der Liebhaber der Künste, befreundet
mit dem Maler Sergej Vinogradov. Womöglich handelt es sich
aber auch um den Arzt und Sammler von Bildern russischer
Künstler Ivan Ivanovič Trojanovskij (1955–1928).

Brief vom 16. Februar 1900

wegen Šapovalovs Bitte – Lev Nikolajevič Šapovalov (1871–1957),
Architekt, baute Čechovs Haus in Jalta.

den Liebhabern – Moskauer Gesellschaft der Liebhaber der Künste.

von Deiner neuen Erzählung in Žizn – Anfang des Jahres 1900 erschien Čechovs Erzählung *In der Schlucht* in Heft Nr. 1 der Zeitschrift Žizn (dt. Das Leben).

meine liebe Knipper – Olga Leonardovna Knipper (1868–1959), Schauspielerin am Moskauer Künstlertheater, wo sie 1898 die Arkadina in der *Möwe* spielte und Čechov sie kennenlernte. 1901 heiratete er Olga Knipper.

Brief vom 1. März 1900

Onkel Vanja – Čechovs Stück *Onkel Vanja* hatte im Oktober 1899 am Moskauer Künstlertheater Premiere.

für einen Deiner Übersetzer ins Deutsche – um die Jahrhundertwende erschienen etliche deutsche Ausgaben mit Erzählungen von Anton Čechov in der Übertragung verschiedener Übersetzer. Seine Stücke *Die Möwe, Onkel Vanja, Drei Schwestern* kamen erst 1902 im Verlag Eugen Diederichs, Leipzig, in der Übersetzung von Wladimir Czumikow heraus.

Brief vom 16. April 1900

Fürst Aleksej Petrovič Kugušev – (1859–1908), Dichter, Übersetzer, Besitzer eines Landguts, mehrerer Gestüte und einer großen Bibliothek.

SEITE 85 **Jakov P. Polonskij** – russ. Lyriker und Schriftsteller
(1820–1898). Polonskij widmete dem jungen Anton Čechov im
Februar 1888 sein Gedicht *An der Tür* (russ. U dveri). Čechov
revanchierte sich, indem er seine 1887 entstandene Erzählung
Das Glück im 1888 erschienenen Sammelband *Erzählungen* Jakov P. Polonskij widmete. Den entsprechenden Hinweis kommen-
tierte Čechov launig mit den Worten: »Schulden werden erst
durchs Bezahlen schön.«

SEITE 87 **zwei Schritte** – Čechov verwendet das alte russ. Längenmaß *sažen*, das 2,13 Metern entspricht.

SEITE 87 **ein herrschaftlicher Feldhüter** – russ. *ob"ezdčik*, dt.
Bereiter, Landbereiter, Forstbereiter: Angestellter eines Grund-
besitzers, der regelmäßig zu Pferd ein großes Territorium, sei es
bewaldet, seien es Felder (russ. *ob"ezd*, dt. der Beritt) kontrolliert
und gegebenenfalls dort ausgeführte Arbeiten überwacht.

SEITE 88 **und dachten über etwas nach** – Čechovs denkende
Schafe evozieren die bis heute geläufige russ. Redensart »Der
Hammel hatte auch gedacht …« (russ. *baran tože dumal …*), um
jemanden als dumm oder naiv zu bezeichnen, als jemanden, der
sein eigenes Schicksal nicht beeinflussen kann. In dem ersten
Band *Brüder und Schwestern* (russ. *Brat'ja i sëstry*) des heute
unter dem Namen *Die Prjaslins* bekannten Romanzyklus von

Fëdor Abramov (1920–1983) über das Schicksal der Bauernfamilie Prjaslin sagt einer der Dorfbewohner, die Redensart ausschmückend: »Der Hammel hat auch gedacht, dass er im Winter Pelz tragen wird, doch man hat ihn gepackt und geschoren.«

SEITE 88 **Werst** – russ. *versta*, altes russisches Längenmaß, entspricht 1,06 Kilometern.

SEITE 88 **Hab Euch nicht gleich erkannt – Ihr werdet also reich.** – (russ. *ne uznal – bogatym byt'*). Um die Unhöflichkeit wettzumachen, einen Menschen nicht wiedererkannt zu haben, sagt man ihm im Russischen, er werde reich. Im Gespräch mit dem Feldhüter ist hier die russ. Höflichkeitsform mit der alten deutschen Anrede in der 2. Person Plural übersetzt.

SEITE 89 **In Teilpacht, in Pacht und als Gemüsefelder** – (russ. *pod skopčinu, i v arendu i pod bakči*) Teilpacht ist eine Form der Verpachtung von Ackerland und Gerätschaften gegen einen Anteil der Ernte oder gegen Arbeit; eine Pacht hingegen wird nicht in Naturalien, sondern mit Geld bezahlt; *bakča* nennt man ein Stück Steppe, auf dem Gemüse und andere Feldfrüchte wie Melonen angebaut werden. Möglicherweise lässt Čechov den Feldhüter die letztgenannte Information hinzufügen, da es sich bei den in Teilpacht und Pacht vergebenen Flächen meist um Getreidefelder handelte.

SEITE 89 **nicht zur Nacht sei's gesagt** – lt. russ. Aberglauben war es besonders gefährlich, bei Nacht von Dämonen, Hexen oder dem Teufel zu sprechen.

SEITE 89 **als sie Zar Alexander, der wo den Franzosen verjagt hat, von Taganrog mit Fuhrwerken nach Moskau gebracht haben** – Zar Alexander I. (1777–1825), Sieger über Napoleon, der Russland 1812 überfiel. Um Alexanders frühen und plötzlichen Tod 1825 in der südrussischen Stadt Taganrog rankten sich etliche Legenden. Anton Čechov wurde 1860 in Taganrog geboren und lebte dort bis zum Beginn seines Medizinstudiums in Moskau 1879.

SEITE 90 **vor der Freiheit** – vor der Abschaffung der Leibeigenschaft 1861 durch Zar Alexander II.

SEITE 91 **läuft ein Hase quer über den Pfad** – Im russischen Aberglauben gilt es als schlechtes Vorzeichen, wenn einem ein Hase über den Weg läuft. Wegen eines Hasen kehrte Aleksandr Puškin auf dem Weg zur Teilnahme am Dekabristen-Aufstand 1825 um. So war er nicht unter den jungen Adligen, die dem Zaren öffentlich den Eid verweigerten und dafür mit dem Tode bestraft oder nach Sibirien verbannt wurden.

SEITE 92 **die Halskrankheit** – vermutlich ist die hochansteckende Kehlkopftuberkulose gemeint.

SEITE 92 **die Stellen, wo die Schätze liegen** – Um in der südrussischen Steppe vergrabene Schätze ranken sich viele Legenden. Ihren wahren Kern bilden die oft mit reichen Beigaben versehenen Kurgane, russ. *kurgany*, die Hügelgräber einstiger Steppennomaden wie der Skythen (berühmt wurde nach Ausgrabungen in der eurasischen Steppe das »Gold der Skythen«) und der Sarmaten. (*Kurgan* bedeutet in den Turksprachen Festung, Burg.)

Die vielen kriegerischen Auseinandersetzungen in der südrussischen Steppe beflügelten Erzählungen von vergrabenem Raubgut oder Wertsachen, die Menschen vor Überfällen in Sicherheit brachten und später nicht wiederfanden oder nicht mehr bergen konnten.

SEITE 94 **Pud** – russ. *pud*, altes russisches Gewichtsmaß, entsprach 16,38 Kilogramm.

SEITE 95 **die Kurgane** – siehe Anmerkung zu S. 125 – *die Stellen, wo Schätze liegen*

SEITE 96 **Matvejev Kurgan** – Dorf, 45 Kilometer von Taganrog entfernt, dessen Geschichte der Legende nach mit einer Räuberbande verknüpft ist, deren Anführer Matvej dem Ort seinen Namen gegeben haben soll.

SEITE 96 **so ein Armenier** – russ. *armjaška*, pejorativ zu *armjanin*, dt. der Armenier. Im Zarenreich begegnete man den Armeniern mit vielen Vorurteilen. Sie wurden unsauberer Geschäfte ebenso bezichtigt wie der Päderastie.

SEITE 96 **Da ist im Bergwerk ein Förderkorb abgestürzt** – Im II. Akt seines Theaterstücks *Der Kirschgarten*, uraufgeführt 1904, griff Anton Čechov diese Erklärung für ein unheimliches Geräusch wieder auf: (Lopachin: » [...] Vielleicht ist irgendwo weit weg in einem Bergwerk das Förderseil gerissen.«). Der alte Diener Firs, ein Wiedergänger des alten Hirten aus der Erzählung *Das Glück* und wie dieser abergläubig, sieht darin ein böses Vorzeichen.

die Grenzhügel und die Hügelgräber – russ. *storoževye*
i mogil'nye kurgany. Grenzhügel wurden im alten Russland zur
Sicherung und Überwachung der Grenzen aufgeschüttet. Auch
Überreste alter Befestigungsanlagen wurden so genannt. Zu den
Hügelgräbern siehe Anmerkung S. 125 – *die Stellen, wo Schätze
liegen.*

SEITE 99 **Zar Peter, der damals in Voronež die Flotte baute** –
Mit der Ankunft Peters des Großen (1672–1725) in Voronež begann dort 1696 der vom Zaren persönlich überwachte Bau der
ersten russischen Kriegsflotte, die Russland den Sieg über die
osmanische Festung Asow und damit über das Asowsche Meer
einen Zugang zum Schwarzen Meer eintragen sollte. Nachdem
der Zar zunächst die Landbesitzer zur Finanzierung des Flotten-
baus herangezogen hatte, wurde das großangelegte Unterfangen
ab 1700 aus der Staatskasse finanziert. Bis 1711 wurden in Voronež
rund 215 Schiffe gebaut.

SEITE 100 **Saur-Mogila** – mit fast 280 Metern über dem Mee-
resspiegel eine der Erhebungen des Donezker Höhenzugs. Auf
der Spitze befand sich ein Kosaken-Wachposten. Die Herkunft
des Namens »Saur« ist umstritten, das altrussische Wort *mogila*
bedeutete Hügel, Kurgan. Die Saur-Mogila war im Zweiten Welt-
krieg ebenso umkämpft wie im bewaffneten Konflikt zwischen
der Ukraine und den abtrünnigen »Volksrepubliken« Luhansk
und Donezk.

SEITE 100 **die Meierhöfe der Deutschen** – Die von Katharina II.
(1729–1796) ins Russische Reich gerufenen deutschen Kolonisten
wurden außer im Wolgagebiet auch in Südrussland und am
Schwarzen Meer als Bauern angesiedelt, um diese fast unbe-

wohnten Regionen zu »peuplieren« und das Land gegen feindliche Überfälle zu schützen. Ab 1871 wurde der Status der Kolonisten zugunsten einer russischen Staatsbürgerschaft verändert, damit verloren die Deutschen allerdings auch viele ihrer historisch bedingten Sonderrechte. Die heutigen Russlanddeutschen sind Nachfahren der Kolonisten.

SEITE 100 **Meierhöfe der Molokanen** – Als Molokanen, russ. *molokane*, bezeichnet man Gemeinschaften einer spirituellen Strömung, die sich im 18. Jahrhundert von der Orthodoxie abspaltete. Die Bezeichnung Molokanen geht auf das russische *moloko*, dt. Milch, zurück, wird jedoch unterschiedlich erklärt: https://masimovasif.net/molokanen-geschichte-und-gegenwart/ Molokanen erkennen weder das Priestertum noch Ikonen und das Zeichen des Kreuzes an. Der Genuss von Schweinefleisch und Alkohol, das Rauchen und der Gebrauch von Drogen gelten ihnen als Sünde. Als Häretiker verfolgt, wurden Molokanen auch zwangsweise in den südlichen Steppen angesiedelt.

SEITE 100 **ein scharfäugiger Kalmücke** – russ. *kalmyk*. Den bis ins 20. Jahrhundert an der unteren Wolga und am unteren Don nomadisch lebenden Kalmücken wurden besonders scharfe Augen nachgesagt.

SEITE 100 **dem langen Stab mit dem Haken am oberen Ende** – Hirtenstab, Schäferstab. Das gebogene Ende des Stabs dient Schäfern dazu, Schafe an den Hinterbeinen einzufangen.

SEITE 101 **in der Bogataja Baločka** – der Name greift die Schatzlegende auf, dt. in der Reichen Schlucht, im Reichen Tal.

NACHWORT

Die wahre Entdeckungsreise besteht nicht darin,
dass man neue Landschaften sucht,
sondern dass man mit neuen Augen sieht.

Marcel Proust

Levitan ist bei uns. Auf meinen Kamin hat er eine
Mondnacht während der Heuernte gemalt. Eine Wiese,
Heuschober, in der Ferne Wald, über allem der Mond.

Anton Čechov am 2. Januar 1900 an Olga Knipper

Eine kleine, schiefe Holzkirche auf einer Halbinsel vor einer
gigantischen Wasserfläche, am Himmel dunkle Wolkenber-
ge, die Farben: Grün und Grau. Eine breite Staubstraße, die
sich in einer öden, leicht gewellten Landschaft in der Ferne
verliert, am Rand ein Wegkreuz, am fernen Horizont eine
winzige Klosterkirche. Eine Sumpflandschaft im Zwielicht,
das diffuse orangefarbene Licht des Sonnenuntergangs spiegelt sich in Hunderten Tümpeln, der Horizont verschwimmt
im Dunst. – Bilder des Landschaftsmalers Isaak Levitan, in
denen die Zeit so stillsteht wie in Anton Čechovs Erzählung
Steppe: »Die verbrannten Hügel, grün-braun, in der Ferne
violett, mit ihren wie Schatten stillen Tönen, die Ebene mit
der nebligen Ferne und der über sie gestülpte Himmel, der

in der Steppe, in der es keine Wälder und keine hohen Berge gibt, furchtbar tief und durchsichtig wirkt, erschienen jetzt unendlich, in Schwermut erstarrt ...«[1]

Zu Beginn des 19. Jahrhunderts existierte im Russischen Reich keine eigenständige Ästhetik der Landschaftsmalerei. Russische Landschaft galt als nicht bildwürdig. »Diese dürftige Natur, diese ärmlichen Weiler...«, dichtete Fëdor Tjutčev. Die Stipendiaten der ehrwürdigen Petersburger Akademie reisten nach Paris, nach Venedig, malten die Alpen oder den Landschaftspark im englischen Stil in Zarskoje Selo. Das änderte sich mit den Künstlern der Moskauer Hochschule für Malerei, Bildhauerei und Architektur, mit Aleksej Savrasov, Vasilij Polenov und deren Schüler Isaak Iljič Levitan – der zum berühmtesten russischen Landschaftsmaler werden sollte.

Einundfünfzig Briefe von Isaak Levitan an Anton Čechov sind erhalten.[2] Čechovs Briefe existieren nicht mehr, weil Levitan, als er im Mai 1900 im Sterben lag, von seinem Bruder Avel verlangte, die gesamte Korrespondenz zu verbrennen. Er wollte mit seinem Werk in Erinnerung bleiben, mit den mehr als eintausend Gemälden, Studien, Zeichnungen – und nicht mit seinen verworrenen Liebesaffären und depressiven Schüben, von denen die Korrespondenz Zeugnis abgelegt hätte. Die beiden Freunde pflegten einen offenen, spielerisch-konkurrierenden, teilweise frivolen Umgangston.[3] Als Anton Čechov für die Zeitschrift Mir iskusstva (Welt der Kunst) vom Herausgeber um einen Nachruf auf seinen Freund Levitan gebeten wurde, versprach er ihn zwar, aber schrieb ihn nie. War ihr Verhältnis vielleicht zu schwierig, zu widersprüchlich, um ein gerechtes Bild zu zeichnen?

Anton Čechovs Schwester Marja Pavlovna war in ihren 1960 veröffentlichten Erinnerungen unbefangener und charakterisierte den Maler so: »Lewitan hatte ein ausdrucksvolles Gesicht, eine große Nase, sehnsüchtige dunkle Augen und einen Schopf dunkler Haare. Ich würde nicht sagen, dass er gut aussehend war, aber er hatte Erfolg bei den Frauen, war selbst leicht entflammbar und zeigte seine Gefühle. Manchmal allerdings befiel ihn dunkle Melancholie, dann wollte er sich umbringen, aufhängen, erschießen, aber diese Stimmungen gingen vorüber.«[4]

Schon mit dreizehn Jahren, im September 1873, begann Isaak Levitan ein Studium an der Moskauer Hochschule für Malerei und folgte damit seinem Bruder Avel. Sie kamen aus einer jüdischen Familie. In Kibartaj (heute litauisch: Kybartai) kam Isaak vermutlich am 30. August 1860 zur Welt. Der Vater stammte aus einer Rabbinerfamilie, arbeitete als Französischübersetzer für die Eisenbahn und als Lehrer in Kowno, heute Kaunas. 1870 zog die Familie mit zwei Söhnen und zwei Töchtern nach Moskau, in der Hoffnung auf ein besseres Auskommen. Der Vater unterrichtete die Kinder wohlhabender jüdischer Familien, doch es reichte kaum zum Leben.

Wegen seiner Armut, aber vor allem wegen außergewöhnlicher Begabung, werden Isaak Levitan Ende 1876 die Studiengebühren erlassen. Ein Jahr zuvor hat er seine Mutter verloren, ein Jahr später stirbt sein Vater an Typhus. Jetzt haben Isaak und sein Bruder Avel kein Zuhause mehr und sind auf sich allein gestellt. Zeitweise übernachtet Isaak, vom Hausmeister geduldet, in den Klassenräumen der Hochschule. Die Kommilitonen stecken ihm etwas Essen zu – einer von ihnen ist Nikolaj Čechov, der ältere Bruder des Schriftstellers. Auch Nikolaj studiert seit August 1875 Malerei, wenn auch nicht so ernsthaft wie sein Freund Levitan. Der gewinnt mit seinem Bild *Herbsttag. Sokolniki* auf einer Studentenausstellung 1879 den Preis der Hochschule. Kurz darauf kauft der Sammler Pavel Tretjakov das Bild – wie später noch viele weitere Gemälde Levitans.

Im Mai desselben Jahres ergeht ein Erlass, mit dem alle Juden aus »der eigentlichen russischen Hauptstadt« Moskau verbannt werden. Isaak und Avel Levitan müssen die Stadt verlassen. Sie flüchten zu ihrer Schwester Tereza und deren Mann nach Saltykovka, zehn Kilometer außerhalb von Moskau. Sie haben kein Geld und wissen nicht, wann sie ihr Studium wieder aufnehmen können. Isaak nutzt die Zeit und macht viele Skizzen. »Lewitan versteckte sich. Er nahm ein Boot, fuhr damit in das Röhricht des nahegelegenen Teiches und malte Studien – im Boot störte ihn niemand.«[5] Im Herbst dürfen sie in die Stadt zurückkehren.

In diesem Sommer 1879 ist der 19-jährige Anton Čechov aus Taganrog nach Moskau gekommen und beginnt sein Medizinstudium. Auch die Čechovs sind arm. Der Vater war mit seinem Krämerladen in Taganrog bankrottgegangen und vor den Gläubigern nach Moskau geflohen. Er war der Sohn eines Leibeigenen, der sich und seine Familie freikaufen konnte und sie so aus einer Sklaverei befreite, die erst 1861 offiziell abgeschafft wurde.

Unter dem Pseudonym Antoša Čechonte beginnt Čechov, kurze humoristische Geschichten in Zeitschriften wie den *Oskolki* (Splitter) zu veröffentlichen, auch um die Familie finanziell über Wasser zu halten.[6] Sein Bruder Nikolaj illustriert sie manchmal, eine Zeit lang arbeiten die beiden zusammen. Doch Nikolaj führt ein Bohemeleben, geht lieber in Kneipen und ins Bordell anstatt in die Hochschule. Durch ihn lernt Anton Čechov, vermutlich 1880, Isaak Levitan kennen. Die beiden werden Freunde, mit Unterbrechungen ein Leben lang. Beide sind 1860 geboren, beide werden nicht alt. Beide lieben die Natur, beide sind Raznočincen – Intellektuelle aus nichtadeligen Familien – und müssen für ihren Beruf und ihre Berufung kämpfen. Beide sind ehrgeizig, haben Erfolg und achten die Kunst des anderen hoch.

Im Sommer 1885 mietet die Familie Čechov von Antošas schriftstellerischen Erlösen ein Sommerhaus in Babkino am Fluss Istra, bei der Gutsbesitzerfamilie Kiselëv. Obwohl nur vierzig Kilometer nördlich von Moskau gelegen, ist die Reise dorthin im Mai abenteuerlich. Anton Čechov schildert sie in einem Brief an seinen jüngeren Bruder Michail: »Ich, der ich vorausgefahren war (das Ganze war bereits nachts), wäre beinahe ertrunken und habe ein Bad genommen.

Mutter und Marja mußten im Kahn übergesetzt werden.«
Doch am nächsten Morgen ist alles vergessen, und Čechov
beschreibt das ländliche Idyll: »Unsere Lieben schlafen ...
Ungewöhnliche Stille ... Es zwitschern nur die Vögel, und
man hört es kratzen hinter den Tapeten. Ich schreibe diese
Zeilen, vor dem quadratischen Fenster in meinem Zimmer
sitzend. Ich schreibe und schaue dabei zum Fenster hinaus.
Vor meinen Augen zerfließt eine ungewöhnlich warme, lieb-
liche Landschaft: der Fluß, in der Ferne Wald, Safontjevo,
ein kleines Stück des Kiselëvschen Hauses [...] Am Morgen
setze ich eine Reuse aus und höre eine Stimme: ›Krokodile!‹
Ich schaue hin und sehe am anderen Ufer Levitan ... Sie
setzen ihn mit dem Pferd über ... Nach dem Kaffee ging
ich mit ihm und dem Jäger (einem sehr typischen) Ivan
Gavrilov auf die Jagd. [...] Levitan lebt in Maksimovka. Er
ist fast wieder ganz gesund. Er nennt alle Fische Krokodile
und hat sich mit Begičëv angefreundet, der ihn Leviathan
nennt. ›Mir ist langweilig ohne Leviathan!‹ seufzt B., wenn
kein Krokodil da ist.«[7]

Nicht lange, und der suizidgefährdete Levitan siedelt
aus seiner einsamen Scheune in Maksimovka auf das Gut
der Kiselëvs über. »Levitan leidet an einer Art Psychose«,
schreibt Čechov am 9. Mai 1885 an den Schriftsteller Lejkin.
»Er wollte sich aufhängen. Ich habe ihn zu mir nach Hause
genommen und fahre ihn spazieren. Ich habe den Eindruck,
daß es ihm schon besser geht. Die Natur um uns herum
ist wundervoll. Ich hätte nicht übel Lust, sie aufzuessen.«[8]

Der früh verwaiste Levitan genießt das čechovsche Famili-
enleben. Auch den Sommer 1886 verbringt er in Babkino.
Die Tage sind unterhaltsam, die Stimmung ist ausgelassen.
Levitan hat Humor und nimmt es offenbar nicht übel, wenn
die Scherze manchmal auf seine Kosten gehen. Immer ist
er der Schurke und spielt in den von Anton erdachten Steg-
reifkomödien die Rolle des Außenseiters: »Zum Beispiel für
die Pantomime ›Wie der Beduine Čechov den Muselman
Levitan ermordet‹ breitet Levitan einen kleinen Teppich aus,
kniet nieder und betet gen Osten. Anton schlich von hinten
heran und schoss aus einem ungeladenen Gewehr auf ihn.
Erschrocken drehte er sich um und sank zu Boden.«[9] Auch
an eine Gerichtsverhandlung gegen Levitan erinnert sich
Marja Pavlovna: »… an der Kisseljow als Gerichtsvorsitzen-
der und Anton als Staatsanwalt teilnahmen. Beide traten
in goldbestickten Uniformen auf«.[10] Die Anklage lautet:
Verweigerung der Militärpflicht, heimliche Schnapsbrenne-
rei, Führen einer heimlichen Kreditkasse, Unmoral. Abends
versammeln sich alle auf der Freitreppe des Gutshauses und
lauschen den Szenen und literarischen Miniaturen, die Anton Čechov vorträgt: »Stellen Sie sich einen warmen Som-
merabend vor, ein schönes Landgut, das auf einem hohen
Steilufer steht, unten der Fluß, hinter dem Fluß ein riesi-
ger Wald … nächtliche Stille … Durch die offenen Fenster
und Türen dringen die Töne der Beethoven-Sonaten, der
Nocturnes von Chopin … Die Kisseljows, unsere gesamte
Familie und Lewitan sitzen und hören dem großartigen

Klavierspiel von Jelisaweta Jefremowa, der Gouvernante der Kisseljow'schen Kinder, zu. ›Frecklich fön!‹ sagt Lewitan.« – der laut Marja Pavlovna etwas lispelte.[11] In diesem Sommer, während eines Waldspaziergangs, macht Levitan Maša spontan einen Heiratsantrag. Čechov rät seiner Schwester ab: »Er braucht Frauen im Balzac-Alter, nicht solche wie dich.«[12]

Nachdem Levitan im ersten Jahr an der Hochschule alte Meister kopiert und Gipsköpfe abgezeichnet hatte, entschied er sich für die Klasse für Landschaftsmalerei, sein Lehrer wurde Aleksej Savrasov. Landschaftsmalerei stand nicht hoch im Kurs. Sie galt als Betätigungsfeld für Dilettanten, die nicht über die Kunstfertigkeit verfügten, die Errungenschaften der Zivilisation naturgetreu wiederzugeben. En vogue war die Genremalerei, am besten im Atelier. Von der Landschaftsmalerei wurde erwartet, dass sie eine Idylle abbildete, als schön empfundene oder spektakuläre Sujets darstellte. Doch Savrasov war anderer Auffassung: »Wie viele Ansichten von Peterhof und Oranienbaum habe ich gemalt – nicht zusammenzuzählen, nicht nachzurechnen. Wir, die Bettler, schauten voll Ehrfurcht auf zu der Pracht. Die Phantasie der Schöpfer dieser Paläste hat uns erschauern lassen. Wie hätten wir danach noch unsere nassen Felder, unsere schiefen Hütten, die schmalen Lichtungen und den niedrighängenden Himmel bemerken und liebgewinnen können? Wie hätten wir das?« – diese Sätze legte Konstantin Paustovskij dem Maler Savrasov in seiner Erzählung

über Isaak Levitan in den Mund.[13] Aleksej Savrasov vertrieb
seine Schüler aus dem Atelier. Sie sollten im Freien malen,
en pleinair, wie die französischen Impressionisten, im Licht
und an der Luft.

Von Savrasov erfuhr Levitan seine entscheidenden Impul-
se. Savrasovs Leben endete tragisch, er wurde zum Alkoho-
liker und starb verarmt. Levitan schilderte seinen Lehrer
in einem Nachruf als einen Künstler »auf der Suche nach
den einfachsten und gewöhnlichsten, jenen intimen, tief be-
rührenden, oft traurigen Zügen, die in unserer Heimatland-
schaft so stark empfunden werden und die so bezaubernd
auf die Seele wirken«.[14] Damit erklärte er gleichzeitig sein
eigenes Programm.

Vasilij Polenov übernahm Savrasovs Klasse für Landschaftsmalerei und wurde der nächste bedeutende Im-
pulsgeber für Levitan. Bei ihm lernte er die französische
Malerei kennen, die Schule von Barbizon mit ihrer neuen
Repräsentation der Natur, der sogenannten Paysage intime.
Er sah Reproduktionen der Bilder Camille Corots, bekam
eine Idee von den hellen, funkelnden Gemälden der französischen Impressionisten. Doch wie könnte ein russischer
Impressionismus aussehen? Wie das Licht in seinen Vari-
ationen einfangen, wenn die luftige Heiterkeit fehlt? Wie
im Freien malen, wenn sieben Monate lang Winter und
Dunkelheit herrschen?

Die mittelrussische Landschaft galt als nordische Wildnis, die sich die Künstler *schön*malten. Vorbilder der Land-

schaftsmaler waren vor 1800 Neoklassizisten wie Claude Lorrain und Nicolas Poussin mit ihren idealisierten Vorstellungen. Wasserfälle und Felsen waren obligatorisch, auch wenn sie in Russland selten bis gar nicht zu sehen sind. Nach dem gescheiterten Petersburger Dekabristenaufstand 1825 verschärfte sich die Debatte über eine eigenständige russische Identität. Eine Abkehr von einer westlich dominierten Kultur wurde gefordert, eine Rückbesinnung auf das slawische Erbe, später entstand die Bewegung der Narodniki (Volkstümler), die für Reformen und die Befreiung der Bauern kämpfte. »Indem die Bauernfrage immer mehr an Bedeutung gewann, verschränkte sie sich zunehmend mit dem Thema einer national geprägten Landschaft.«[15] Die Hinwendung der städtischen Eliten zum ländlichen Russland hatte sich zuerst in der Literatur gezeigt. Aleksandr Puškin machte das rückständige russische Dorf zum Thema. Für seine Erzählung *Taras Bulba* wurde Nikolaj Gogol zum »Zaren der Steppe« gekrönt. Und Turgenevs *Aufzeichnungen eines Jägers* 1851 wurden als Anklage gegen die Leibeigenschaft gelesen. In der Folge war 1870 die erste unabhängige Künstlervereinigung Russlands gegründet worden, die Genossenschaft für künstlerische Wanderausstellungen – Peredvižniki (Wanderer) –, die auch Levitan im März 1891 als Mitglied aufnahm.[16]

Isaak Levitan stellt sich der neuen Herausforderung und wird sein Leben lang auf der Leinwand um Licht und Farbe kämpfen. Er liebt die flüchtigen Übergänge in der Natur der mittelrussischen Landschaft – den Herbst mit seinen Farben, das Frühjahr mit der Schneeschmelze und den Überschwemmungen, Wasserlandschaften, die den Himmel spiegeln, Landschaften im Zwielicht oder vom Mond beschienen – die Stimmung des Augenblicks in unspektakulären Motiven. Es sind auch diese Gemälde Levitans, die Anton Čechov zu anschaulichen Naturdarstellungen inspirieren, die nicht durch pathetische Adjektive, sondern durch Farbräume und Metaphern entstehen und die besondere Stimmungen in seinen Erzählungen schaffen. Für diese Stimmung prägt Čechov den Ausdruck *levitanisch*. Im März 1894 schreibt er aus Jalta an Lidija Mizinova: »aber der Norden ist trotzdem schöner als der russische Süden, zumindest im Frühling. Bei uns ist die Natur trauriger, lyrischer, levitanischer, hier ist sie weder Fisch noch Fleisch, wie ein schönes, klangvolles, aber kaltes Gedicht.«[17]

Obwohl Isaak Levitan hart arbeitet, stellt sich der Erfolg vorerst nicht ein. Zwar ist er von der Hochschule mit zwei Silbermedaillen ausgezeichnet worden, er kann seine Bilder auf Ausstellungen zeigen und einige verkaufen, aber als er 1884 seine Ausbildung beendet, wird ihm nur ein Diplom zweiter Klasse ausgestellt, mit dem er Grafik unterrichten darf, nicht jedoch Malerei. Es gibt Vermutungen, die Entscheidung habe mit Levitans jüdischer Herkunft zu tun. Doch seinem Freund Konstantin Korovin ergeht es nicht besser. Der glaubt, dass nur die Genremaler ein Diplom erster Klasse bekommen, deren Bilder *tiefe* Gedanken und ein Thema reflektieren. Selbst der große Lev Tolstoj ist der Meinung, Landschaft tauge in der Malerei allenfalls als Hintergrund und sei kein eigenständiges Sujet.[18] Der herrschende Kunstgeschmack wird immer noch von der konservativen Petersburger Akademie bestimmt. Die allgemeine Auffassung lautet: Das Bild muss eine Geschichte erzählen. Gemälde, die lediglich eine Stimmung wiedergeben, ohne Narrativ, werden nicht wirklich geschätzt. Die Demütigung durch die Moskauer Hochschule stürzt Levitan in eine schwere psychische Krise – es ist der erste von vielen depressiven Schüben, die folgen sollten. Im April 1885 – vor dem Babkino-Sommer – war er mit Čechov zu einer Reise nach Vladimir verabredet. Aber er versetzte Čechov und verschwand. Ende April erfuhr Čechov, dass Levitan versucht hatte sich zu erhängen.[19]

»Es ist einfacher, einen Schriftsteller zu verstehen als einen Künstler«, zitierte Konstantin Korovin seinen Freund Levitan in seinen Erinnerungen: »›Meine Lieben sagen zu mir: Malen Sie ein Sommerhaus, einen Bahnsteig, einen Zug oder Blumen. Aber Sie malen einen grauen Tag, Herbst, einen kleinen Wald, wer braucht das schon? Das ist langweilig, Russland ist nicht die Schweiz, was sind das schon für Landschaften hier? – Ich kann nicht mit ihnen reden. Ich werde sterben, ich hasse es …‹. Levitan verfiel oft in Melancholie und weinte viel.«[20]

Er suchte den eigenen authentischen Zugang zur Natur. Dabei entsprach sein Grundgefühl von Verlorenheit und

Einsamkeit auf eine fast unheimliche Weise der Melancholie, die der nördlichen russischen Landschaft eigen ist. »Ich
habe die Natur noch nie so geliebt, ich war noch nie so
zärtlich ihr gegenüber, wie ich es jetzt bin, ich habe dieses
göttliche Etwas noch nie so stark gefühlt, das überall vor-
handen ist, das aber nicht jeder zu sehen vermag, man kann
es nicht genau benennen, weil es weder unserer Vernunft
noch einer Analyse unterliegt, das kann man nur mit Liebe
erfassen«, schrieb Levitan 1887.[21] Mit seiner Empfindsam-
keit wurde er selbst zum Medium einer sich anbahnenden
tiefen kulturellen Zerrissenheit – dem mitleidlosen Blick auf
die Welt durch eine neue aufklärerische Philosophie auf der
einen und der gleichzeitigen romantischen Rückbesinnung
auf russische Heimat und archaische Volkskultur auf der
anderen Seite.

Bis heute gilt Levitan in Russland als Meister der Stimmungslandschaft. Gleichzeitig litt er sein Leben lang an einem Gefühl des Ungenügens, an Unruhe und permanenten
Selbstzweifeln: »Offenbar lastet der Fluch Ahasvers auch
auf mir – aber das muss so sein – ich bin ja auch Semit.«
Er kämpfe, so schrieb er in seinem Brief an Čechov, gegen
Windmühlenflügel. Čechov begriff früh, was Levitan antrieb
und erklärte es 1887 in einem Brief an Marja Kiselëva so:
»Künstlerische Literatur wird nur deshalb künstlerisch genannt, weil sie das Leben so zeichnet, wie es in Wirklichkeit
ist. Ihre Funktion auf solch eine Spezialität wie die Gewin-
nung von ›Perlen‹ zu reduzieren, ist für sie ebenso tödlich,

wie wenn Sie Levitan einen Baum zeichnen ließen mit der Auflage, die schmutzige Rinde und die gelbgewordenen Blätter wegzulassen.«[22]

Im Winter 1885 erkrankte Levitan schwer. Mitte März 1886 bekam er das Honorar für ein Bühnenbild, das er für eine Oper entworfen und ausgeführt hatte. Sofort machte er sich auf den Weg auf die Krim und kehrte Ende Mai zurück nach Moskau, »schwarz wie ein Araber«. Zum ersten Mal hatte er das südliche Licht erlebt und schrieb euphorisch an Čechov: »hier ist sie, die ewige Schönheit, hier ist es, wo der Mensch seine absolute Nichtigkeit spürt!« und »wenn es sich weiter so arbeitet, bringe ich eine ganze Ausstellung mit.« Levitan geriet in einen Schaffensrausch. Das Licht, die Wärme, das Malen im Freien bereiteten ihm Freude. Auch sein ehemaliger Lehrer Polenov ist später begeistert, lobte die neue Leichtigkeit in den Ölskizzen. Doch bald stellte sich das unvermeidliche Heimweh ein. Levitan ließ seinem Freund F. O. Šechtel ausrichten: »er soll sich keine Sorgen machen – ich liebe den Norden mehr denn je, ich habe ihn erst jetzt begriffen.«[23]

Doch die Krimreise führt zum Erfolg. Čechov aus Babkino am 28. Juli 1886 an Elizaveta Sacharova: »Bei mir lebt der Maler Levitan, der von der Krim eine Masse (50 Stück) von (nach Meinung von Kennern) bemerkenswerten Skizzen mitgebracht hat. Sein Talent wächst nicht täglich, sondern stündlich.«[24] Nachdem Levitan auf der Herbstausstellung der Moskauer Liebhaber der Künste einige der

Krim-Skizzen verkaufen konnte, reist er im April an die Wolga. Auch Čechov begibt sich in diesem Frühjahr auf eine Reise – an die Orte seiner Kindheit, nach Taganrog und in die südrussische Steppe. Und wieder machen beide zur gleichen Zeit eine grundlegende Erfahrung, die ihre Kunst verändern wird.

»Die Donec-Steppe liebe ich und habe mich früher einmal in ihr wie zu Hause gefühlt und jeden Halm in ihr gekannt.«[25] Zuerst, im Juni 1887 erscheint Čechovs erste Steppenerzählung *Das Glück*, die Levitan begeistert kommentiert: »Du hast mich als Landschaftsmaler in Erstaunen gesetzt. Ich spreche nicht von der Masse hochinteressanter Gedanken, aber die Landschaften darin – sind der Gipfel der Vollkommenheit, zum Beispiel in der Erzählung *Das Glück* die Bilder der Steppe, der Grabhügel, der Schafe sind verblüffend.«[26] Im März 1888 erscheint Čechovs bis dahin längste Erzählung *Steppe*, die Geschichte einer Reise des neunjährigen Egoruška ins Internat. Schon 1852 hatte Aleksej Savrasov die Steppe gemalt,[27] so wie Čechov sie fünfunddreißig Jahre später beschreibt: »mit ihren wie Schatten stillen Tönen, die Ebene mit der nebligen Ferne«.

Steppe wurde oft als impressionistische Literatur bezeichnet. Čechov entwirft hier kein naturalistisches Bild – vielmehr reflektiert die Landschaft mit ihren Räumen, Klängen und Farben die Empfindungen des Jungen Egoruška. Das im Ablauf des Tages sich wandelnde Licht der Steppe verändert und relativiert die Wahrnehmung des Raums, die

Entfernungen verschieben sich, im Dunst eines heißen Sommertags löst sich der Horizont auf, und die Steppe wird zur Unendlichkeit. Egoruška reist unter einem melancholischen Stern, denn er muss zum ersten Mal allein von Zuhause fort. So verbindet Čechov die Trauer und Verlorenheit des Jungen mit dem unheimlich-endlosen Raum, in dem der Mensch, einer Ameise gleich, in der Gefahr schwebt, verlorenzugehen.

»Wenn man lange, unverwandt in den tiefen Himmel schaut, so verschmelzen aus irgendeinem Grunde die Gedanken und die Seele ins Bewußtsein der Einsamkeit. Man beginnt, sich unrettbar einsam zu fühlen, und alles, was man bisher für nahe und vertraut gehalten hatte, rückt in endlose Ferne und verliert seinen Wert. Die Sterne, die schon Tausende von Jahren vom Himmel blicken, der unbegreifliche Himmel selbst und der Dunst, alle gleichgültig gegenüber dem kurzen Leben des Menschen, bedrücken, wenn man Auge in Auge mit ihnen allein bleibt und versucht, ihren Sinn zu erfassen, bedrängen mit ihrem Schweigen die Seele; in den Sinn kommt einem die Einsamkeit, die jeden von uns im Grabe erwartet, und die Tatsache des Lebens erscheint einem verzweifelt, entsetzlich.«[28] Čechov schrieb über diese Erzählung in einem Brief: »Es gibt viele Stellen, die weder Kritik noch Publikum verstehen werden; beiden werden sie läppisch, nicht der Beachtung wert erscheinen«.[29] Doch er irrt sich, *Steppe* wird sein erster großer Erfolg.

Zur gleichen Zeit verzweifelt Levitan an einer Wasserwüste, an den Ufern des Flusses, der in Russland vertraulich

»Mütterchen Wolga« genannt wird. »Ich sitze da und denke, wozu bin ich weggefahren? Habe ich etwa in der Nähe
von Moskau nicht vernünftig arbeiten können und ... mich
nicht einsam gefühlt und Aug in Auge mit diesem gewaltigen
Wasserraum, der einen einfach umbringen kann«[30], schreibt
Levitan während seiner ersten Reise im April 1887 von der
verregneten Wolga deprimiert an Čechov. Er muss künstlerische Techniken finden, um den Horror Vacui zum Thema
zu machen, um diesen Raum auf die Leinwand zu bringen.
Die tiefliegende Horizontlinie macht aus der Landschaft ein
schmales Band unter einem großflächigen Himmel.[31] Sie
teilt die Landschaft in zwei getrennte Flächen. Oft ist es
gerade der wolkige Himmel, der die eintönige Landschaft
an Form- und Farbenreichtum übertrifft. Später werden in
Levitans Bildern oft Wasserflächen zum Spiegel dieses Himmels. Durch die Vogelperspektive gelingt es dem Maler, die
Dimensionen zu verschieben. Oder er bemüht sich, die Horizontlinie zu durchbrechen, oben und unten visuell zu ver-
schränken, durch Bäume, Gestalten, Bauwerke. Oft sind es
Kirchen oder Klöster – wie auf seinem Gemälde der Großen
Straße, der berüchtigten *Vladimirka*: Der breite, unbefestig-
te Weg, der sich in der Ferne verliert, ein kleines Wegkreuz
am Rand, eine Figur, die sich eher wie ein Gegenstand aus-
nimmt, rechts Bäume und am Horizont eine winzige Klosterkirche, die nur wenig über ihn hinausragt. Die *Vladimirka*
ist nicht nur Sinnbild einer öden Unendlichkeit. Auf dieser
Straße wurden im Zarenreich Tausende Verbannte zu Fuß

nach Sibirien geschickt, unter ihnen Nekrasov, Herzen und Dostojevskij. Levitan malte das Bild ein Jahr bevor Čechovs Bericht über die Katorga-Insel Sachalin erschien.

Das Motiv der Verlorenheit des Menschen in einer von den Göttern verlassenen Natur taucht bei beiden Künstlern immer wieder auf. Während einer Reise nach Finnland schreibt Levitan: »Jahrhunderte – das ist etwas, in dem Milliarden von Menschen versunken sind, und sie werden weiter und weiter versinken; ohne Ende; was für ein Grauen, was für ein Jammer!«[32] Beide haben Schopenhauer gelesen, der in Russland in der zweiten Hälfte des 19. Jahrhunderts wirkungsvoller war als Hegel.[33] Levitan an Sergej Djagilev: »Ich liege den ganzen Tag im Wald und lese Schopenhauer. Sie wären überrascht. Glauben Sie, dass meine Landschaften dadurch sozusagen vom Pessimismus durchdrungen werden? Keine Angst, dafür liebe ich die Natur zu sehr.«[34] Čechov las Schopenhauer angeblich bereits als Gymnasiast in Taganrog, ganz sicher aber 1884 für seine Doktorarbeit. Im Manuskript »Das Arzttum in Russland« findet sich folgendes »Šopengauer«-Zitat: »Aber man versteht die Sprache der Natur nicht, weil sie zu einfach ist.«[35] Offenbar interessierten ihn vor allem Schopenhauers naturwissenschaftliche Anschauungen. Später war ihm der Stoizismus Marc Aurels näher. In seinem Handexemplar der *Selbstbetrachtungen* hatte er einen für ihn zentralen Satz unterstrichen: »Denn alles Menschliche ist vergänglich und nichtig.«[36] Außerdem finden sich bei ihm einige iro-

nische Anmerkungen zur russischen Schopenhauer-Mode,
zum Beispiel in seiner Humoreske *Über die Frauen* (April
1886 in den Oskolki), auch als Parodie auf die Misogynie
Schopenhauers. In der Erstfassung des *Ivanov* lässt er Lebe-
dev sagen: »Prinzipien, Altruismus, Schopenhauer ... das ist
alles Quatsch«. Und der verzweifelte Onkel Vanja, der sein
vertanes Leben beklagt, ruft: »aus mir hätte ein Schopenhauer werden können, ein Dostojevskij!«.[37]

Ab 1888 verbringt Levitan mehrere Sommer an der
Wolga, und es entsteht die Reihe seiner berühmten Wolga-
Gemälde, von denen der Sammler Tretjakov einige erwirbt.
Ab jetzt reist Levitan nicht mehr alleine, sondern in Be-
gleitung des jungen Malers Aleksej Stepanov und der Gat-
tin eines Moskauer Arztes, Sofja Kuvšinnikova, die er im
Malen unterrichtet. Über das Verhältnis Levitans zur dreizehn Jahre älteren Kuvšinnikova wurde viel spekuliert, vor
allem, nachdem Čechov es offenkundig in seiner Erzählung
Flattergeist zum Thema und die beiden zur Karikatur eines
unglücklichen Paares gemacht hatte. Seine Aversion gegen
die Kuvšinnikova und ihren Moskauer Salon hatte Čechov
nie verheimlicht. Doch im *Flattergeist* zeichnet er ein für
seine Verhältnisse außergewöhnlich moralisierendes Bild
von einer in der Kunst dilettierenden oberflächlichen Frau,
die ihren ehrbaren Gatten mit einem launischen Künstler
betrügt und letztlich den Tod des Ehemanns zu verantwor-
ten hat. Čechov geht sogar so weit, die Selbstmordfantasien
des manisch-depressiven Künstlers zu parodieren.

Als die Erzählung 1892 in den Januarheften der Zeitschrift Sever (Der Norden) erschien, nahmen die Leser die Geschichte interessiert auf. Nur wer die Hintergründe kannte, dem kam der Verdacht, dass hier die Ähnlichkeit mit lebenden Personen nicht rein zufällig war. Im April brach der Skandal los. Levitan verlangte eine Erklärung, die Čechov ihm angeblich verweigerte.[38] Stattdessen versuchte er, die Geschichte herunterzuspielen. Inzwischen hatte er einen kleinen Gutshof im Dorf Melichovo südlich von Moskau gekauft und schrieb an Lidija Avilova: »Gestern war ich in Moskau, aber ich wäre dort beinahe erstickt an Langeweile, an allen möglichen Schreckgespenstern. Stellen Sie sich vor, eine Bekannte von mir, eine 42-jährige Dame hat sich in der zwanzigjährigen Heldin meines *Flattergeists* (Sever, Nr. 1 und 2) wiedererkannt, und nun bezichtigt mich ganz Moskau, eine Schmähschrift verfasst zu haben. Hauptindiz – die äußerliche Ähnlichkeit: die Dame malt, ihr Mann ist Arzt, und sie lebt mit einem Maler zusammen.«[39]

Trotzdem schrieb Čechov eine Art Entschuldigungsbrief, den Levitan offenbar dem Schauspieler Lenskij gezeigt hatte. Auch Lenskij fühlte sich in der Erzählung verleumdet und erklärte, der Brief sei voller Falschheit und billiger Entschuldigungen. Lenskij sprach acht Jahre lang nicht mehr mit Čechov. Levitan war so schwer gekränkt, dass er, so hieß es, sogar erwogen habe, Čechov zum Duell zu fordern. Zwischen Levitan und Čechov herrschte danach fast drei Jahre lang Schweigen.

Schon früher hatte es zwischen den beiden Freunden
Unstimmigkeiten gegeben, in einer scheinbar spielerischen
Rivalität um Marja Pavlovnas Freundin Lidija Mizinova
(Lika), mit der beide jahrelang flirteten. »Lidija war ungewöhnlich schön. Regelmäßige Gesichtszüge, wundervolle
graue Augen, volles blondes Haar und schwarze Brauen.
Ihre Schönheit war so anziehend, dass ihr alle hinterhersa-
hen. Oft wurde ich gefragt: Tschechowa, wer ist diese schöne
Frau, die immer mit ihnen geht?«[40] Mašas Freundin Lika
war ab Herbst 1889 ständiger Gast im Hause Čechov und
verliebte sich in Anton Pavlovič. Der scherzhafte Konkur-
renzkampf um die »göttliche Lika«, der im Briefwechsel
so heiter klingt, hatte das Verhältnis der beiden Männer
stärker belastet, als es schien. »Noch ist sie nicht da, aber
sie wird hier sein, denn sie liebt nicht Dich Flachsfarbenen,
sondern mich, den vulkanischen Brünetten, und kommt nur
dorthin, wo ich bin. Es muss Dich schmerzen, all das zu
lesen, aber aus Liebe zur Wahrheit habe ich es nicht verschweigen können.«[41] Lika, die unter Čechovs Ironie und
seinen Spielchen mit ihr litt, versuchte, ihn mit Levitan
eifersüchtig zu machen.[42] Schließlich begann sie eine Affäre
mit dem verheirateten Erfolgsschriftsteller Potapenko. Sie
wurde schwanger, Potapenko verließ sie, und zwei Jahre
später starb ihr Kind.

1891 war das Jahr des künstlerischen Durchbruchs für
Levitan. Die Peredvižniki stellten seine Bilder regelmäßig
aus. Kunstkritik und Öffentlichkeit bemerkten endlich den

Wert seiner Arbeit, den Čechov, aber auch der Sammler Tretjakov schon lange erkannt hatten. Doch im Spätsommer 1892, nachdem Levitan und Sofja Kuvšinnikova nach Moskau zurückgekehrt waren, wurde er, obwohl inzwischen ein bekannter Künstler, zum zweiten Mal aus der Stadt verbannt, zusammen mit 38000 anderen Moskauer Juden. Nachdem Sofjas Ehemann für ihn gebürgt hatte, durfte er im Dezember vorläufig wieder nach Hause zurückkommen. Erst 1899 erhielt er das unbefristete Aufenthaltsrecht für Moskau.

Im Januar 1895 versöhnten sich die beiden Freunde auch endlich wieder, nachdem Levitan den ersten Schritt getan hatte und nach Melichovo gefahren war.[43] Seine Erleichterung zeigt sich in einer Notiz, die er am Morgen vor seiner Abreise hinterließ: »Ich bin unsagbar froh, wieder hier zu sein, bei den Čechovs.« Trotz Versöhnung blieb von Seiten Anton Čechovs eine gewisse Distanz bestehen, die sich auch in ironischen Äußerungen in seinen Briefen an Lika und Marja zeigte: »Grüße an den schwarzhaarigen Jid aus der Highsociety.«[44] Bei Levitans übernächstem Besuch in Melichovo widmete er seinem Freund ein Exemplar seiner *Insel Sachalin* mit einer Warnung: »Ich schenke dieses Buch dem lieben Levitaša, für den Fall, dass er jemanden aus Eifersucht umbringt und auf dieser Insel endet.«[45]

Wie hellsichtig dieser Hinweis war, zeigte sich schon im folgenden dramatischen Sommer. Nachdem sich Levitan von Sofja Kuvšinnikova getrennt hatte, begann er ein Verhältnis mit der Gutsbesitzerin Anna Turčaninova. Auf ihrem Gut

Gorka ließ sie Levitan sogar ein Atelier bauen, in dem er im Sommer arbeitete. Doch dann verliebte sich die 18-jährige Tochter Varja in den berühmten Maler. Ihm gelang es nicht, sich aus dieser Ménage-à-trois zu befreien. In seiner Verzweiflung setzt er sich am 21. Juni eine Pistole an den Kopf, er verletzt sich aber glücklicherweise nur mit einem Streifschuss. Zwei Tage später sendet er einen Hilferuf an Čechov, er solle sofort nach Gorka kommen und ihm helfen. Doch Čechov fährt nicht. Erst nach einem Brief von Anna Turčaninova mit der Nachricht, Levitan habe einen Selbstmordversuch unternommen, begreift er den Ernst der Lage und macht sich auf den Weg. Er bleibt eine Woche und wird Zeuge eines Dramas, das ihn später erneut zu einer literarischen Arbeit inspiriert, zur *Möwe*, einem Stück, das er allerdings als Komödie bezeichnet. »Ich schreibe es nicht ohne Vergnügen, obwohl ich mich schrecklich an den Konventionen der Bühne vergehe. Eine Komödie, drei Frauenrollen, sechs Männerrollen, vier Akte, eine Landschaft (Blick auf einen See); viele Gespräche über Literatur, wenig Handlung, fünf Pud Liebe.«[46]

In der *Möwe* entfaltet er ein Geflecht aller ausweglosen Liebesbeziehungen in seiner Umgebung, einschließlich seiner eigenen Verstrickungen.[47] Das Stück spiegelt die emotional aufgeheizte Atmosphäre in Gorka – der Teich von Gorka wird zum verzauberten See – bis hin zum Detail der Möwe, die Levitan sinnlos geschossen und der Gutsbesitzerin vor die Füße geworfen hatte.[48] Der Suizid des jungen Treplev im

Stück erinnert an Levitans Drama.[49] Doch Čechov nimmt die Analyse der Empfindungen hier subtiler vor als im *Flattergeist*. In der *Möwe* diagnostiziert er die Gefühle der Personen eher wie ein Arzt, ohne moralisches Urteil. Und in den Monologen über das Schreiben spiegelt sich auch seine eigene Verunsicherung. Treplev im 1. Akt: »Wir brauchen neue Formen. Neue Formen brauchen wir, und wenn es die nicht gibt, dann brauchen wir besser gar nichts.« – Im Oktober 1896 hat *Die Möwe* in Petersburg Premiere, die Aufführung ist dilettantisch und wird zum dramatischen Misserfolg: »Ich werde nie wieder Stücke schreiben oder aufführen lassen.«[50]

Čechovs neue Formen im Theater wirken auf das Publikum so befremdlich wie die neuen impressionistischen Gemälde auf die russische Kunstkritik. Vorwürfe gegen das Stück lauten: Handlungsarmut, Darstellung des langweiligen Lebens, eine dramatisierte Novelle voller überflüssiger Einzelheiten – einfach nur Menschen, die essen, gehen, lieben, sich langweilen – »Symbolismus« und »Ibsenismus« sind die Schlagworte, die von der Kritik verwendet werden. Sogar der von Čechov verehrte Tolstoj meint, *Die Möwe* sei »wertloser Unsinn«.[51] Typisch für das neue Theater ist das Flüchtige, die Momentaufnahme, sind die verkürzten Dialoge, die halben Sätze, die Andeutungen. Dafür müssen die Schauspieler auch neue Formen des Spiels entwickeln. Erst im Moskauer Künstlertheater 1898 wird eine plausible Aufführung des Stücks erarbeitet. Nachdem Levitan diese

Möwe im Januar 1899 in Moskau gesehen hat, schreibt er an Čechov: »Aus ihr weht einem jene Trauer entgegen, die einem aus dem Leben entgegenweht, wenn du es genauer betrachtest. Gut, sehr gut!« Auch Lidija Mizinova empfindet Trauer, als sie sich in der Nina Zarečnaja auf der Bühne wiedererkennt: »An Deinem Namenstag habe ich Lika mit in *Die Möwe* genommen. Sie hat geweint, die Erinnerungen haben sich wohl wie eine Spule vor ihr abgerollt«, schreibt Marja Pavlovna an ihren Bruder.[52]

Auf Levitans schwere Depression in Gorka folgt eine enthusiastische Schaffensphase. Schon in Gorka hatte er den *Goldenen Herbst* gemalt. Bei einem ersten Atelierbesuch nach dem Ende des Zerwürfnisses sieht Čechov auch die neuen Arbeiten, die während Levitans Wolgareisen entstanden sind und seinen Ruhm als Maler der russischen Stimmungslandschaft begründen. Er ist voller Bewunderung für Levitans Talent und kritisiert umso heftiger, wie dieser es seiner Meinung nach verschwendet. Am 19. Januar 1895 aus Moskau an seinen Verleger Suvorin: »Ich war bei Levitan im Atelier. Er ist der beste russische Landschaftsmaler, aber stellen Sie sich vor, er hat keine Jugend mehr. Er malt nicht mehr jung, sondern mit Bravour. Ich glaube, die Weiber haben ihn verbraucht. Diese netten Geschöpfe schenken Liebe und nehmen dem Mann nur wenig: nur die Jugend. Landschaften kann man nicht ohne Pathos malen, ohne Enthusiasmus, und Enthusiasmus kann man nicht haben, wenn man sich überfressen hat.«[53]

Auf der Präsentation der Peredvižniki 1891 hatte Levitan
Bilder einer Italienreise ausgestellt, sowie sein Gemälde *Stilles Kloster*, das einen sensationellen Erfolg feierte. Einige
Jahre später, in Čechovs Erzählung *Drei Jahre*, betrachtet
die Protagonistin Julja Sergejevna ebendieses Bild. Und so
wie Alice *Through The Looking-Glas* das Spiegelland betritt,
tritt Julija durch die Leinwand in das Bild und wandert
durch die Landschaft. Der Gegensatz von gemalter und
echter Natur ist aufgehoben, die sinnliche Erfahrung der
Bildbetrachtung wird unmittelbar, bestimmt von einem
Hauch Melancholie und Déjà-vu. Diese Form der poetischen
Bildbeschreibung war schon Mitte des 19. Jahrhunderts zum
literarischen Kunstgriff geworden, z. B. in Baudelaires Kritiken der Pariser Salons. Claudia Einecke stellt fest: »Entstanden aus Denis Diderots ekphrastischem Ansatz wurde
die Technik, ein Landschaftsgemälde wie einen Spaziergang
durch die Natur zu beschreiben, im späteren achtzehnten
Jahrhundert zu einer Standardtrope. Die Beschreibung von
Gemälden im Jahr 1840 kam jedoch oft einer Übung gleich,
die Natur so zu beschreiben, als ob das Gemälde verschwunden wäre.«[54]

Die Bedingtheit menschlicher Wahrnehmung war stärker in den Fokus der Wissenschaft gerückt. Die Fotografie
gewann Einfluss auf die Landschaftsmalerei. Die neuen Formen entfernten sich vom Akademismus – der klassischen
Landschaftsmalerei mit einer illusionistischen Darstellung
idealisierter Natur – und zeigten eine alltägliche Umge-

bung, so vertraut, dass der Betrachter meinte, in sie eintreten zu können. Auch Oberfläche und Ausführung der neuen Gemälde änderten sich, die Textur wurde rauer, der Pinselstrich sichtbar. Für viele Betrachter hatten diese Bilder dagegen etwas Unfertiges, waren eher Skizzen. Nach einem Besuch in Levitans Atelier schrieb der Journalist Viktor Golcev einen begeisterten Artikel für die Russkaja Gazeta (Russische Zeitung). Besonders das Bild *Stürmischer Tag* von 1897 hatte es ihm angetan, für Golcev ein unmissverständliches Zeichen einer Hinwendung Levitans zum Impressionismus.

Die Auseinandersetzung über den französischen Impressionismus polarisierte in Russland die Debatte um veränderte Malweisen. Vielen galt eine mit menschlicher Wahrnehmung experimentierende Maltechnik als oberflächlich und dekadent, so auch Lev Tolstoj, der sich mit seinem Essay *Was ist Kunst?* 1898 in die Debatte einmischte. Seiner Meinung nach sollte Kunst kein Selbstzweck sein, sondern einen positiven Einfluss auf die Gefühle der Menschen haben. Die Polarisierung drehte sich um die Begriffe »Erregung« und »Empfindung«.[55] Auch Levitan warf man vor, in die Fraktion der »dekadenten Schmierer« übergelaufen zu sein. Doch in Russland lässt sich die künstlerische Moderne nicht mehr aufhalten. Als die wichtigsten Neuerer gelten Konstantin Korovin, Ilja Repin und Valentin Serov.

Ende Juli 1898 folgt Levitan einem Ruf seiner ehemaligen Hochschule und tritt die Nachfolge seines Lehrers Polenov an. Er unterrichtet fast zwei Jahre lang. Seine Studenten sollen lernen, das Essentielle wahrzunehmen, eine modische Kunst der Effekte lässt er nicht zu. Die Studenten sollen nicht imitieren, sondern den eigenen emotionalen Zugang zur Natur finden. Er unterrichtet sie, die er »meine Kinder« nennt, im Geiste seines Lehrers Savrasov. »Schafft Schönheit, findet Gott, gebt mir keine dokumentarische Wahrheit. Nieder mit dem Dokumentarismus. Die Natur braucht keine Porträts.«[56] Auch Čechov wehrt sich gegen die Annahme, sein Werk sei naturalistisch. Einem Redakteur schreibt er 1897: »Ich habe noch nie unmittelbar nach der Natur geschrieben. Ich muß das Thema erst durch mein Gedächtnis filtern, bis unten im Sieb nur noch das hängenbleibt, was wichtig und typisch ist.«[57]

»Die Wirkungsmacht der Levitan-Gemälde war so groß, dass sie die Wahrnehmung der realen ländlichen Motive beeinflussten und veränderten. Dies ist umso bemerkenswerter, als Levitan Natur und Landschaft nicht so malte, wie er sie vor Ort gesehen hatte. Er fügte jeweils Motive aus verschiedenen Gegenden neu zusammen und schuf so imaginierte Bildräume, die nicht der Realität entsprachen.«[58] So wie viele impressionistische Maler fertigte auch Levitan Hunderte von Studien und Skizzen an. Diese Arbeitsweise war für die russischen Landschaftsmaler von noch größerer Bedeutung als für die Maler von Barbizon. Die Saison für Pleinairmalerei war kurz. Das harsche Klima forderte eine flexible Arbeitsweise. Statt bei Minusgraden in der Natur zu malen, entstanden viele Gemälde im Atelier und sind oft aus den zahlreichen Studien zusammengesetzt, sodass die Bilder verschiedene Landschaftsansichten vereinen. 1894 malte Levitan sein berühmtestes Bild *Über der ewigen Ruhe*: eine Halbinsel mit einer kleinen Kirche aus der Vogelperspektive vor einer unendlich erscheinenden Wasserlandschaft.[59] Das Bild zeigt keinen bestimmten Ort. Die kleine Holzkirche stand in Wirklichkeit in Pljës an der Wolga, wo er sie schon im Sommer 1888 skizziert hatte. Auf die Anwesenheit des Menschen gibt es, wie in vielen Bildern Levitans, nur indirekte Hinweise. Die windschiefen Grabkreuze auf dem alten Friedhof vermitteln eine ähnliche Botschaft wie die Grabhügel in Čechovs Erzählung *Das Glück*: Das Leben des Menschen ist unbedeutend angesichts der unendlich gleichgültigen Natur. Wo bei den französischen Impressionisten Fabrikschornsteine in den Himmel ragen, stehen bei Levitan Klöster und Kirchen – als Zeichen für Hoffnung und Spiritualität –, Kontrapunkte in der Wildnis. Auf seinem Bild *Über der ewigen Ruhe* ist zudem noch ein winziger, kaum wahrnehmbarer Lichtschein im Kirchenfenster erkennbar, ein schwacher metaphysischer Hoffnungsschimmer. Levitan beendet das Bild im Herbst 1894 in Moskau und zeigt dieses Memento mori auf der 22. Ausstellung der Wanderer. Als Tretjakov die Arbeit kauft, ist er glücklich und gesteht ihm: »Dass aber diese letzte zu Ihnen gelangte, berührt mich deshalb so stark, weil ich ganz in ihr bin, mit meiner ganzen Psyche, mit meinem ganzen Wesen.«[60]

Ende Januar 1899 reiste Levitan nach St. Petersburg, um eine bahnbrechende Ausstellung zu sehen, in der auch neun seiner eigenen Arbeiten gezeigt wurden – die Internationale Gemäldeausstellung der Zeitschrift Mir iskusstva (Welt der Kunst), die am 22. Januar in Anwesenheit einiger Mitglieder der Zarenfamilie eröffnet worden war. Levitan befand sich hier in erlesener Gesellschaft zwischen Degas, Monet, Renoir und den russischen Kollegen Repin und Serov. Natürlich kannte er die europäischen Impressionisten aus Moskauer Ausstellungen und von seinen Reisen nach Wien und Paris. Aber jetzt, auf dem Höhepunkt seiner Karriere, war er empfänglicher für die Erschütterungen, die ihre Bilder auslösten. Am 24. Januar schrieb er an Anna Nikolajevna Turčaninova: »Am Mittwoch bin ich abgereist. In Petersburg war kaum ein Zimmer zu haben. Ich ließ meine Sachen im Hotel und eilte sofort in die Ausstellung. Für gewöhnlich fühle ich mich selbst auf Ausstellungen mittlerer Güte und wenn es sich um meine Bilder handelt, schrecklich, doch was ich auf dieser Ausstellung sah, übertraf meine Erwartungen. Stell Dir die besten Maler Europas vor – mit den besten Proben ihres Schaffens! Ich war hingerissen! Meine Sachen – und ich sehe mich nie gern auf Ausstellungen – erschienen mir diesmal wie kindliches Stammeln, und ich litt unsagbar. Zwei Tage gingen hin, in denen ich die Ausstellung nicht verließ, und schließlich begann ich mich sehr wohl zu fühlen. Für die russischen Maler war diese Ausstellung ein Schlag in den Magen – und das ist ihnen nützlich, überaus nützlich!

Repin, Serov, ich und einige andere haben verstanden, und
viel verstanden in dieser Nachbarschaft.«[61]

Für diesen Kulturschock maßgeblich verantwortlich war
Sergej Djagilev, Enkel eines russischen Wodka-Fabrikanten,
Herausgeber der illustrierten Kunstzeitschrift Mir iskusstva,
der die aufsehenerregende Ausstellung organisiert und dazu
42 westeuropäische Maler eingeladen hatte. Später wird
Djagilev als Gründer des weltberühmten Ballettensembles
Ballets Russes zu einem Wegbereiter der Avantgarde. Schon
im Jahr zuvor, 1898, hatte er eine Ausstellung in St. Petersburg mit russischen und finnischen Malern kuratiert, in
die er auch Bilder von Levitan aufgenommen hatte. Später
schickte er Teile dieser Ausstellung auf die Internationale
Ausstellung der Münchner Secession, wo Levitan sie im Mai
vor seinem Kuraufenthalt in Bad Nauheim sehen konnte
und sich später bei Djagilev bedankte.[62]

In Russland spalteten diese Ausstellungen und Djagilevs
Polemiken gegen die Peredvižniki die Kulturszene und wurden zum Anlass für Dispute über die weitere Entwicklung
der russischen Kunst.[63] Auch Čechov äußert sich später in
einem Brief an Olga Knipper kritisch: »Mir iskusstva, wo
die neuen Leute schreiben: macht einen völlig naiven Eindruck, so als schrieben dort zornige Gymnasiasten.«[64] Ein
Angebot Djagilevs zur Mitarbeit an der Zeitschrift lehnt er
folgerichtig ab.

Levitan lässt sich nicht beirren, zusammen mit Serov, Korovin und anderen Freunden, »die noch nicht völlig verknö-

chert sind«.[65] Von der Kunstszene ist er enttäuscht. Nach dem Besuch einer Examensausstellung der reformierten Petersburger Akademie erklärt er, sie sei noch konservativer als die alte. Es müsse am Gebäude liegen.[66] Levitan gerät zwischen die Fronten, lässt sich jedoch auf keine Seite ziehen. Die Neuerungen der »Miriskusniki« begrüßt er, vertritt sie, er spürt die Notwendigkeit einer Entwicklung in der Kunst, so wie Čechovs Treplev in der *Möwe*. Gleichzeitig riskiert er keinen Bruch mit den Peredvižniki. Sie hatten ihn in ihre Reihen aufgenommen, seine Bilder ausgestellt, ihn aus der finanziellen Not befreit und berühmt gemacht. An ihrer 27. Ausstellung nimmt er mit neun Arbeiten teil und auch im nächsten Jahr (1900) mit zweien seiner Schüler und fünf eigenen Bildern, darunter *Heuschober. Dämmerung*.[67] Vielleicht hatte ihn Monets konzeptioneller Heuschober inspiriert, der auf der Petersburger Ausstellung stark umstritten war und den er gegen seine Kritiker verteidigt hatte. Nun wird seine russische Version dieses Sujets ebenso verspottet. Ein Kritiker schreibt, die Schober sähen aus wie etwas »zwischen einer zotteligen Frisur und einem borstigen Stachelschwein«.[68]

Levitan ist offen für neue Einflüsse. Er interessiert sich für die Fotografie, befreundet sich mit Kliment Timirjazev, einem russischen Pflanzenphysiologen, der mit Landschaftsfotografie experimentiert. Und er stimmt mit Timirjazev überein: »die Zukunft der Fotografie in diesem Zusammenhang ist unabsehbar«.[69]

Die Wanderer sind zu konservativ und rückwärtsgewandt, Djagilev und seine Welt der Kunst zu modisch und »petersburgisch«. Vielleicht hätte Levitan am liebsten mit jungen Malern eine eigene Moskauer Sezession gegründet.[70] Aber dazu reicht seine Kraft nicht mehr. Er ist krank und die Auseinandersetzungen haben ihn zusätzlich geschwächt. Schon im November 1896 war er während eines Ausstellungsbesuchs zusammengebrochen. Was einige seiner Freunde für eine romantische Attitüde gehalten hatten – »Ich bin erschöpft!« – stellt sich als schweres Herzleiden heraus. Čechov hatte Levitan acht Monate nicht gesehen. Nachdem er ihn am 21. Dezember 1896 in seinem Atelier besucht hatte, schrieb er einen Tag später in sein Notizbuch: »Levitan hat erweiterte Aorta. Trägt einen Lehmverband auf der Brust. Hervorragende Skizzen und leidenschaftliche Gier nach Leben.«[71] Und am 6. März 1897 an F. O. Šechtel nach einem Besuch bei Levitan in Moskau: »Ich habe Levitan abgehorcht: es steht schlecht. Sein Herz schlägt nicht, es bläst.«[72]

Levitan hatte keine Illusionen, er wusste, wie es um ihn stand, und schrieb an Marja Pavlovna: »Ich arbeite wenig, ermüde unglaublich schnell. Außerdem bin ich pleite und habe kein Geld mehr zum Leben! Wahrscheinlich habe ich mein Lied zu Ende gesungen.«[73] 1899 war Čechov aufgrund seiner akuten Lungentuberkulose auf Anraten seiner Ärzte nach Jalta übergesiedelt. Ende des Jahres reiste Levitan dorthin, um Weihnachten und Neujahr mit den Čechovs zu verbringen. »In jenen letzten Tagen des Jahres 1899 malte

Levitan in unserem Haus ein Bild – die Studie ›Heuhaufen in einer Mondnacht in Öl‹. Der Idee zu diesem Bild ging ein Gespräch zwischen Lewitan und Tschechow über die russische Natur voraus. Lewitan saß in Antons Arbeitszimmer im Sessel vor dem Kamin, und Anton, der langsam durchs Zimmer schritt, sprach davon, wie sehr er sich nach der vertrauten mittelrussischen Landschaft sehne, dass die südliche Natur der Krim zwar schön sei, ihn aber kalt ließe. Plötzlich wandte sich Lewitan an mich: ›Mafa, holen Sie mir bitte eine Pappe.‹ Levitan klemmte die Pappe ins Kaminsims, malte das Bild und schrieb in die rechte Ecke: I. Levitan für A. Čechov.«[74]

Anfang Mai 1900 besuchte Čechov den sterbenskranken Levitan einige Tage nacheinander in seinem Atelier. Am 17. Mai kehrte er nach Jalta zurück, und am 20. Mai schrieb er an Olga Knipper: »Ich war, während der Fahrt nach Jalta, sehr krank. Ich hatte schon in Moskau starke Kopfschmerzen, Fieber – das habe ich Ihnen schändlicherweise verheimlicht, jetzt ist alles gut. Wie geht es Levitan? Die Ungewißheit quält mich schrecklich. Wenn Sie etwas hören, schreiben Sie mir bitte«.[75]

Am 22. Juli 1900 starb Isaak Levitan in Moskau, kurz vor seinem vierzigsten Geburtstag.

Ideologische Vereinnahmungen des Werkes nach dem Tod eines Künstlers sind nichts Besonderes. Levitan geriet allerdings gleich in mehrere ideologische Fegefeuer. Schon kurz nach seinem Tod wurde in den Nachrufen gefragt, ob

Levitan als Jude überhaupt ein wahrhaft russischer Land-schafsmaler und Patriot sein könne. Waren seine Bilder tatsächlich impressionistisch oder doch nur altmodisch-re-alistisch oder sogar nationalistisch?, fragte man im Westen. Und die Kunsthistoriker in der Sowjetunion bemühten sich, sein Werk in eine politische Anklage gegen die Zarenherr-schaft umzudeuten – eine Sowjetisierung, die auch Čechovs Werk nach 1918 erlebte.[76]

Čechov hätte auf all das sicher mit einer wunderbar ironi-schen Replik reagiert. Schon 1890 hatte er zu den Debatten über Tendenzliteratur und Realismus geäußert: »Ich teile alle Werke in zwei Sorten ein: die, die mir gefallen, und die, die mir nicht gefallen. Ein anderes Kriterium habe ich nicht«.[77]

Auch die Welt der Kunst war nur eine vorübergehende Er-scheinung. Bald wurde sie von einer Gruppe junger Künstler angegriffen, die sich programmatisch Eselsschwanz nannte. Die Gründungsmitglieder Michail Larionov und Natalja Gončarova hatten an der Moskauer Hochschule studiert und waren dort wahrscheinlich auch noch Levitan begegnet. Für sie hatte die Landschaft ihre sakrale Bedeutung verloren. Mit dem Neoprimitivismus starteten sie das Experiment der russischen Avantgarde und entfesselten einen Algorithmus, mit dem die Künstler immer schneller »vom Dampfer der Gegenwart«[78] geworfen wurden.

Jutta Hercher, Berlin 2021

ANMERKUNGEN

1 Anton Čechov, *Steppe*, übers. von Peter Urban, Berlin 1997.

2 Bei vier weiteren Briefen ist der Adressat unklar, weshalb sie von Peter Urban nicht in die Übersetzung der Levitan-Briefe aufgenommen wurden.

3 Levitans Briefe wurden 1956 in Moskau in zensierter Form veröffentlicht. Vergl. Serge Gregory: »Burned Letters. Reconstructing the Chekhov Levitan Friendship«, in: *Chekhov's Letters. Biography, Context, Poetics*, hrsg. C. Apollonio, R. Lapushin, Lexington 2018.

4 Maria Tschechowa, *Mein Bruder Anton Tschechow*, übers. von Antje Leetz, Berlin 2004, S. 35.

5 Konstantin Paustowski, *Isaak Lewitan*, übers. von Monica Huchel, Dresden 1965, S. 12.

6 Wie viele Zeitschriften unterlagen auch N. A. Lejkins Oskolki einer strengen zaristischen Zensur, sodass Čechov vieles umsonst schrieb und um das bescheidene Zeilenhonorar gebracht wurde.

7 Brief an M. P. Čechov vom 10. 5. 1885, in: *Anton Čechov. Briefe in fünf Bänden*, hrsg. und übers. von Peter Urban, Zürich 1979.

8 Brief an Sergej Djagilev, zitiert nach Henri Troyat, *Tschechow. Leben und Werk*, übers. von Christian D. Schmidt, Stuttgart 1987, S. 77.

9 Tschechowa, *Mein Bruder*, S. 35.

10 Ebd., S. 36.

11 Ebd.

12 Ebd., S. 39. Später gab Levitan Marja Pavlovna Zeichenunterricht.

13 Paustowski, *Lewitan*, S. 8.

14 Isaak Levitan, »Zum Tod von A. K. Savrasov«, in:

I. I. Levitan. Pis'ma. Dokumenty. Vospominanija, hrsg. Aleksej A. Fëdorov-Davydov, Moskau 2014, S. 224.

15 Zur nationalen Kodierung des russischen Landschaftsbildes vgl. Christopher Ely, *This Meager Nature. Landscape and National Identity in Imperial Russia*, Northern Illinois 2009, S. 88: »As the peasant question assumed greater and greater importance, it grew entangled with the subject of nationally distinctive landscape.«

16 »Sie suchten den besten Ausdruck für das, was man den ›russischen Geist‹ nennt, sie suchten die ›russische Schönheit‹, die ›russische Natur‹ und sogar eine russische Beziehung zu ihr – ein russisches Weltverständnis. Wo immer man die damaligen Moskauer Künstler traf, kam das Gespräch sogleich auf dieses alle bewegende Thema. Bei jeder Gelegenheit diskutierten sie über ›das russische Wesen‹, und wenn sie ihre Sommeretüden zeigten, waren sie begierig auf Anmerkungen ihrer Kollegen über ›russische‹ und ›nicht-russische Motive‹.« In: Sergej Glagol, Igor Grabar', *Isaak Il'ič Levitan. Žizn' i tvorčestvo*, Moskau 1913. Zitiert nach Gertrud Pickhan, »Über der ewigen Ruhe. Zur Entstehungs- und Rezeptionsgeschichte einer russischen Stimmungslandschaft«, in: *zeitenblicke 10*, Nr. 2, 2011.

17 Brief an Lidija Mizinova, 27. März 1894, in: *Čechov, Briefe*, Zürich 1979.

18 »Tolstoy's attitude toward landscape painting was not markedly different from that of many art critics oft he time who felt that a picture must tell a story«, schreibt Serge Gregory in seiner Doppelbiografie *Antosha & Levitasha. The Shared Lives and Art of Anton Chekhov and Isaac Levitan*, New York 2015, S. 34.

19 Vgl. Tschechowa, *Mein Bruder*, S. 35.

Und Čechov am 9. Mai 1885 an N. A. Lejkin »Bei mir wohnt der Maler Levitan, ein eifriger Schütze. ... Bei dem Armen stimmt etwas nicht. Eine Psychose scheint sich zu entwickeln. Zu Pfingsten wollte ich mit ihm ins Vladimirer Gouvernement fahren, um ihn aufzumuntern (er hatte mich dazu gedrängt). Doch als ich am verabredeten Tag zu ihm komme, höre ich, dass er in den Kaukasus gefahren sei. ... Ende April kehrte er zurück, aber nicht aus dem Kaukasus. ... Aufhängen wollte er sich.« Anton Tschechow, *Briefe 1879–1904*, Berlin 1968.

20 »Levitan hat Menschen gemieden. Er war nur an wenigen interessiert. Er freundete sich mit A. P. Čechov an, der uns bei Spaziergängen außerhalb der Stadt begleitete, als er noch ein junger Student an der Moskauer Universität war. Levitan war ein enttäuschter Mensch, immer traurig.

Irgendwie lebte er nicht ganz auf der Erde, war immer von der geheimen Poesie der russischen Natur absorbiert. Er sagte mit Trauer: ›Der Künstler wird nicht geliebt – er wird nicht gebraucht. Hier ist Savrasov, dieser große Künstler – und was passiert? Ich war bei ihm zu Hause, er wird nicht geliebt. Alle sind gegen ihn, er ist selbst den Seinen ein Fremder.‹« Konstantin Korovin in seinen Erinnerungen an seinen Kommilitonen Levitan in: *I. I. Levitan, Pis'ma*, S. 224.

21 *I. I. Levitan, Pi'sma*, S. 16.

22 Brief an M. V. Kiselëva am 14. Januar 1887 als Reaktion auf ihre Kritik an seiner Erzählung *Im Sumpf*, in: Čechov, *Briefe*, Zürich 1979. Vergl. auch Serge Gregory, S. 47.

23 Levitans Brief an Čechov vom 29. April 1886 aus Alupka.

24 Čechov aus Babkino 28. Juli 1886 an E. K. Sacharova, in: Peter Urban, *Čechov*

Chronik. Daten zu Leben und Werk, Zürich 1981, S. 101.

25 Čechov am 25. Juni 1898 an P. F. Iordanov, ebd., S. 290.

26 Levitans Brief an Čechov vom Juni 1891 aus Zatišje.

27 »In retrospect his ›Steppe in the Daytime‹ (1852) is a remarkable work. It was one of the earliest attempts in russian painting to depict the level open space common to the southern regions of European Russia and Ukraine.« In: Christopher Ely, *This Meager Nature*, S. 177.

28 Čechov, *Steppe*, S. 78.

29 18. Januar 1888 an Jakov Polonskij in: Čechov, *Briefe*, Zürich 1979. Čechov nannte diese Stellen »Verse in Prosa«. Vgl. Peter Urban, *Steppe*, Nachbemerkung.

30 Levitans Brief an Čechov aus dem Frühjahr 1887.

31 Vgl. Felix Ingold, *Russische Wege. Geschichte, Kultur, Weltbild*, München 2007, S. 360: »Irdische und himmlische Sphäre gehen ununterscheidbar ineinander über und schaffen die Illusion eines richtungslos expandierenden Raums, der keinerlei fassbare Koordinaten, keinen festen Grund, keinen Weg und keine Bleibe mehr aufweist.«

32 Levitans Brief an Čechov vom 15. Juli 1896.

33 Besonders Schopenhauers Werk *Über die Frauen. Neue und alte Gedanken* löste in Russland heftige Debatten aus und wurde breit rezipiert. Vgl. Julian Völkle, *Tätige Resignation. Schopenhauer und Čechov*, München 2019. Schopenhauer verfasste auch eine der ersten Abhandlungen über das Farbensehen und lieferte damit einen frühen Denkanstoß zu grundlegenden Phänomenen der Sinnesphysiologie: *Über das Sehen und die Farben*, Dresden 2019.

34 I. I. Levitan, *Pis'ma*, S. 90.

35 Arthur Schopenhauer, *Über den Willen in der Natur*, 3. Kap. Vergleichende Anatomie, Frankfurt am Main 1854, S. 54.

36 Zitiert nach Peter Urbans Vorwort in: *Wie soll man leben? Anton Čechov liest Marc Aurel*, Zürich 1997, S. 18. Das Zitat stammt aus Čechovs Handexemplar *Razmyšlenija imperatora Marka Avrelija Antonina o tom, čto važno dlja samogo sebja*, Tula 1882, das in Jalta im Haus Čechovs aufbewahrt wird und dort vom Herausgeber abgeschrieben wurde. Der vollständige Text in der Ausgabe bei Phaidon 1990, Viertes Buch, § 48 lautet: »Denn alles Menschliche ist nichtig und vorübergehend, das Gestern eine Seifenblase, das Morgen – erst eine einbalsamierte Leiche, dann ein Haufen Asche«. Čechov in einem Brief an Suvorin: »Die Natur ist ein sehr gutes Beruhigungsmittel. Sie stimmt einen demütig, d. h. sie macht den Menschen gleichgültig. Und man muss auf dieser Welt unbedingt gleichgültig sein. Nur die Gleichgültigen sind imstande, die Dinge klar zu sehen, gerecht zu sein und zu arbeiten.« am 4. 5. 1889 in: Čechov, *Briefe*, Zürich 1979.

37 Anton Čechov, *Onkel Vanja*, Zürich 1972, III. Akt. In Čechovs naturwissenschaftlichen Anschauungen zeigte sich auch Fortschrittskritik, z. B. in der Figur des Waldschrats in der gleichnamigen Komödie (Lešij, 1889), einem Ökoaktivisten und Waldschützer, aus dem im *Onkel Vanja* dann der melancholische Arzt Astrov wird.

38 Vgl. Gregory, S. 89.

39 Brief am 29. April 1892 an Lidija Avilova, in: Čechov, *Briefe*.

40 Tschechowa, *Mein Bruder*, S. 146.

41 Čechov verbrachte diesen Sommer relativ einsam in Bogimovo und hatte seine Freunde mehrmals inständig gebeten, ihn dort zu besuchen. Doch Lika Mizinova und Levitan ließen sich nur zu einer Stippvisite überreden.

42 28. Juni 1892 an Lidija Mizinova: »In Ihnen, Lika, sitzt ein großes Krokodil, und eigentlich tue ich gut daran, auf den gesunden Menschenverstand zu hören und nicht auf die Stimme des Herzens, das Sie angebissen haben.« In: Čechov, *Briefe.*

43 Die Schriftstellerin Ščepkina-Kupernik, die mit Čechov befreundet war, hatte Levitan kurzerhand zu diesem Besuch überredet.

44 Durch seinen Mäzen Sergej Morozov, der ihm in Moskau ein Atelier finanzierte, bekam Levitan Zugang zur *gehobenen* Moskauer Gesellschaft. Čechov hegte eine gewisse Aversion gegen den neureichen Morozov. Vgl. Brief vom 21. Juni 1897 an Suvorin in: Čechov, *Briefe.*

45 April 1895, zitiert nach S. Gregory, S. 144.

46 21. Oktober 1895 an Suvorin in: Čechov, *Briefe.*

47 Zu Čechovs Beziehung zur Schriftstellerin Lidija Avilova vgl. Ivan Bunin, *Čechov. Erinnerungen eines Zeitgenossen,* Berlin 2004.

48 Čechovs Bruder Michail beschreibt, wie Anton Pavlovič den Maler in Gorka angetroffen hat, »mit einer schwarzen Binde am Kopf, welche er sich sogleich im Gespräch mit den Damen abgerissen und auf den Boden geworfen hat. Dann nahm Levitan ein Gewehr und ging zum See. Er kehrte zu seiner Dame mit einer weißen Möwe zurück, die er für nichts und wieder nichts getötet hatte, und warf sie ihr zu Füßen.« Čechov, M. P. (1923), S. 121. Michail Pavlovič Čechov: *Vokrug Čechova.* Moskau 1964.

49 »Da ist zum Dritten der Selbstmordversuch eines der nächsten Freunde Čechovs, des von ihm bewunderten und geliebten Landschaftsmalers Isaak Levitan, dessen Bilder und Motive im Werk Čechovs eine bedeutende Rolle spielen.« Peter Urban,

170 Editorische Notiz in: *Die Möwe*, S.102.

50 Urban, *Čechov Chronik*, S.255.

51 Editorische Notiz in: *Die Möwe*, S.102.

52 Maria Tschechowa, S.158.

53 19. Januar 1895 an Suvorin in: Čechov, *Briefe*.

54 Claudia Einecke, »Über den Paradigmenwechsel in der Landschaftsmalerei durch die ›Schule von Barbizon‹«, in: *Barbizon. Malerei der Natur – Natur der Malerei*, hrsg. A. Burmester, München 1999. Im Original: »Born of Denis Diderots ekphratic approach, the technique of describing a landscape painting like a walk through nature became a standard trope in the later eighteen century. However, 1840 descriptions of paintings often amounted to exercises of describing nature as if the painting has dissapeared.«

55 »Leitfiguren wie Lev Tolstoj richteten das Diskussionsfeld um das Problem ›Was ist Kunst?‹ (so der Titel eines prominenten Essays von Tolstoj aus dem Jahr 1897) auf die Frage nach dem Wesen der ›ästhetischen Emotion‹ aus. Die zentralen Begriffe, zwischen denen dieses noch unbestimmte Gefühl aufgespannt wurde, waren die Begriffe der ›Erregung‹ (›vozbuždenie‹) und ›Empfindung‹ (›oščušče-nie‹).« Alexandra Köring, *Faktura. Malen zwischen Experiment und Ideologie in der russischen Avantgarde*, Hamburg 2013, S.19.

56 V. A. Simov, »Erinnerungen an Levitan«, in: *I. I. Levitan*, S.212.

57 Čechov in einem Brief an den Chefredakteur der Zeitschrift Cosmopolis vom 15. Dezember 1897 – zitiert nach Henri Troyat, S.236.

58 G. Pickhan, *Rußland-sucher*, S.611 f.

59 »Besonders eindringlich hat Isaak Levitan einen derartigen Raum unter dem Titel *Über der ewigen Ruhe*

(1894) ins Bild gesetzt, indem er den Horizont etwa auf halber Höhe ungebrochen, also ohne jede Überschneidung durchzieht, darüber einen dräuenden Himmel sich wölben und darunter einen breiten Strom fast unbewegt durch die unabsehbar weite Ebene sich winden lässt. Im Vordergrund steht auf einer stumpfen Landzunge als Repoussoir eine kleine Holzkirche, halb verdeckt von einer niedrigen Baumgruppe, hinter der, zum Betrachter hin, ein verwahrloster Friedhof sich über die Böschung zum Fluss erstreckt. Kein weiteres Gebäude, keinerlei Requisit, kein Tier, keine einzige menschliche Gestalt ist in dem grenzenlosen Raum zu sehen. Alles scheint ausgestorben zu sein hienieden, während in der Höhe gigantische graubraune Wolken das späte Tageslicht verfinstern: mit der Reglosigkeit der Erde kontrastiert die aufgewühlte Szenerie am Himmel.«

Felix Phillip Ingold, *Russische Wege. Geschichte. Kultur*, München 2002, S. 347.
60 *I. I. Levitan*, S. 34.
61 *I. I. Levitan*, S. 97.
62 Deutsche Kritiker bescheinigten lebhaftes Interesse an den neuartigen Bildern der »Newa-Tataren«. Im Katalog der Secession fehlen die russischen Teilnehmer allerdings. Vgl. Natascha Niemeyer-Wasserer, *Kandinsky und die Malerei des russischen Symbolismus*, München 2006, S. 54.
63 Ebd., S. 10: »Ähnlich wie die ›Sezessionen‹ im westlichen Europa trat die Mir iskusstva gegen die Akademie mit ihrer ›verstaubten traditionellen Lehre‹ an sowie gegen die Malerbewegung der Peredvižniki, die ihre Kunst sozialen Zwecken unterworfen hatten. Die Mir iskusstva forderte eine zweckfreie Kunst. Ein Postulat, das sie selbst jedoch auch nicht einhielt.«
64 *Čechov Chronik*, S. 383.

65 *I. I. Levitan. Pis'ma,*
Brief an A.V. Sredin, 5. Mai
1899, S. 101.

66 *I. I. Levitan. Pis'ma,* Brief
an A.V. Sredin, 6. Dezember
1899, S. 103.

67 Am 27. Februar 1900,
einen Tag nach Ende der Ausstellung der Mir iskusstva,
eröffnete die 28. Wander-
ausstellung in Petersburg.

68 Vgl. Serge Gregory,
S. 197.

69 Zitiert nach Averil King,
*Isaak Levitan. Lyrical
Landscape,* Woodbridge 2011,
S. 139. Im Dezember 1895
hatte Čechov Levitan eine
Porträtfotografie von sich
geschenkt.

70 Vgl. Gregory, S. 212.

71 Urban, *Čechov Chronik,*
S. 262.

72 Ebd. S. 266. Die Diagnose
lautete: *Aortenaneurysma –*
eine spindel- oder sack-
förmige Erweiterung der
Hauptschlagader durch
Entzündungen der Gefäße,
evtl. durch eine fortge-
schrittene tertiäre Syphilis.
Vgl. auch Gregory, S. 169.

73 Tschechowa,
Mein Bruder, S. 41.

74 Ebd. S. 265.

75 Urban, *Čechov Chronik,*
S. 334.

76 Vgl. Gertrud Pickhan,
»Lewithanisierende Rußland-
sucher. Isaak Levitan
(1860–1900) und die zeit-
genössische Rezeption seines
Werkes«, in: *Jahrbücher
für Geschichte Osteuropas,*
Neue Folge Bd. 60, H. 4
(2012), S. 591–616.

77 Am 22. März 1890 in
einem Brief an Leontjev-
Ščeglov, in: Urban, *Čechov
Chronik,* S. 166. Weil er
moralische Urteile in seinen
Erzählungen verweigerte,
wurde er auch als »Priester
der prinzipienlosen Kunst«
verurteilt.

78 »Puškin, Dostojevskij,
Tolstoj usf. usw. sind vom
Dampfer der Gegenwart
zu werfen.« Futuristisches
Manifest »Eine Ohrfeige
dem öffentlichen Ge-
schmack«, Moskau 1912.

EDITORISCHE NOTIZ

Peter Urban hat Isaak Levitans Briefe an Anton Čechov nach der russischen Ausgabe: *I. I. Levitan. Pis'ma. Doku-menty. Vospominanija* (I. I. Levitan. Briefe. Dokumente. Erinnerungen), Moskau 1989, erstmals komplett übersetzt. Eine kleine Auswahl der Briefe Levitans war zuvor in der deutschen Übertragung von Monica Huchel in Konstantin Paustovskijs Buch *Isaak Levitan*, Dresden 1965, erschienen.

Die russische Ausgabe von 1989 – wie auch jede Aus-gabe davor und danach – ist ein Nachdruck der 1956 in Moskau von Aleksej Fëdorov-Davydov herausgegebenen gleichnamigen Edition. Die damals vom Herausgeber im Hinblick auf die sowjetische Zensur gestrichenen Stellen, meist unverblümt sexuellen Inhalts, blieben auch in allen folgenden Ausgaben gestrichen und wurden mit [...] ange-zeigt. Der amerikanische Forscher Serge Gregory, Autor des Werks *Antosha & Levitasha. The shared lives and art of Anton Chekhov and Isaac Levitan*, DeKalb 2015 wies auf den frivolen Inhalt der eliminierten Stellen hin.

Für die vorliegende deutsche Edition wurden die gestri-chenen Textstellen in den Originalbriefen Levitans ermittelt und eingesetzt (Russische Staatsbibliothek, Moskau, Hand-schriftenabteilung 331-49-25). Brigitte van Kann übernahm die Übersetzung dieser Stellen sowie das Lektorat der Über-setzung von Peter Urban, der vor seinem Tod 2013 nicht mehr dazu kam, sie druckreif fertigzustellen.

174 Čechovs Erzählung *Das Glück* wurde auf der Grundlage der Akademieausgabe *A. P. Čechov. Polnoe sobranie sočinenij i pisem v tridcati tomach* (A. P. Čechov. Sämtliche Werke und Briefe in dreißig Bänden, Moskau 1974–1983) von Brigitte van Kann neu übersetzt und kommentiert.

DANK

Verlag und Herausgeberinnen sind Dina Dodina, St. Petersburg, Elsa Ivanova, Moskau, und Ljudmila Chmelnickaja, Witebsk, dankbar für ihre unermüdliche und kenntnisreiche Unterstützung bei Recherchen zu Realien und Wortbedeutungen. Brigitte van Kann dankt Bettina Kaibach, Heidelberg, herzlich für ihre profunde Unterstützung bei der Übersetzung der Erzählung *Das Glück*.

Besonderer Dank gebührt der Hans-Kauffmann-Stiftung, Hamburg, für ihre großzügige Förderung der Übersetzung von Peter Urban und der Arbeit der Herausgeberinnen.

INHALT

5
Isaak Levitan:
Briefe an Anton Pavlovič Čechov

60
Bilder und Texte

85
Anton Čechov: Das Glück

105
Anmerkungen zu den Briefen

123
Anmerkungen zu Anton Čechovs
Erzählung *Das Glück*

129 Nachwort   **164** Anmerkungen

173 Editorische Notiz   **174** Dank

Ach Du gestreifte Hyäne erscheint als Buch der Friedenauer Presse, gegründet 1963 in Wolff's Bücherei im Berliner Stadtteil Friedenau, dem sie ihren Namen verdankt. Der Verleger Andreas Wolff, Enkel des Petersburger Verlegers M. O. Wolff, veröffentlichte bis 1971 in loser Folge 36 Drucke. Von 1983 bis 2017 wurde der Verlag von Katharina Wagenbach-Wolff geführt, seit 2020 ist die Friedenauer Presse ein Imprint des Verlags Matthes & Seitz Berlin.

Mit großzügiger Unterstützung der
Hans-Kaufmann-Stiftung, Hamburg.

 HANS-
KAUFFMANN-
STIFTUNG

Folgende Texte wurden mit freundlicher Genehmigung des Diogenes-Verlags hier abgedruckt:
S. 62, 65, 67, 73, 74, 76, 78, 81, 82 in: *Anton Čechov. Briefe in fünf Bänden*, hrsg. und übers. von Peter Urban, Diogenes 1979; S. 68: »Drei Jahre« in: *Anton Čechov. Sein Leben in Bildern*, hrsg. und übers. von Peter Urban, Diogenes 1987; S. 71: »Der schwarze Mönch« in: *Anton Čechov. Rothschilds Geige*, übers. von Peter Urban, Diogenes 2015.

Erste Auflage Berlin 2021

Gestaltet und gesetzt von Pauline Altmann, Berlin.
Verwendet wurde die Walbaum von Frantisek Storm.
Die Herstellung besorgte Hermann Zanier, Berlin.
Gedruckt und gebunden von Art-Druk, Szczecin.

ISBN 978-3-7518-0603-9
www.friedenauer-presse.de